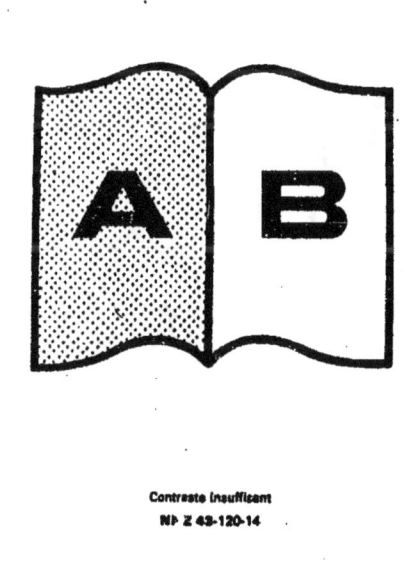

Contraste insuffisant
NF Z 43-120-14

Illisibilité partielle

Valable pour tout ou partie
du document reproduit

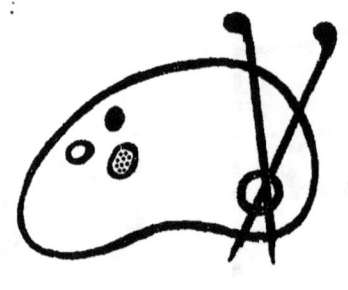

double Clément Simon

LE TESTAMENT

DU

MARÉCHAL BLAISE DE MONLUC

PUBLIÉ EN ENTIER POUR LA PREMIÈRE FOIS

AVEC UN CODICILLE INÉDIT

PAR

M. CLÉMENT - SIMON

AVOCAT-GÉNÉRAL

(Extrait des Travaux de la Société d'Agriculture, Sciences & Arts d'Agen)

Tome II — IIe série

AGEN

IMPRIMERIE DE PROSPER NOUBEL

M. DCCC. LXXII

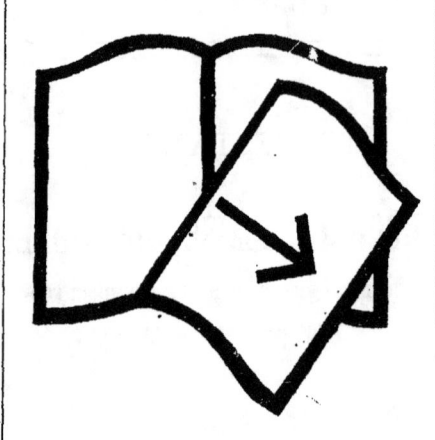

Couverture inférieure manquante

Offert à M. Léon Techener, libraire
C. et L.

LE TESTAMENT
DU
MARÉCHAL BLAISE DE MONLUC
PUBLIÉ EN ENTIER POUR LA PREMIÈRE FOIS
AVEC UN CODICILLE INÉDIT

LE TESTAMENT

DU

MARÉCHAL BLAISE DE MONLUC

PUBLIÉ EN ENTIER POUR LA PREMIÈRE FOIS

AVEC UN CODICILLE INÉDIT

PAR

M. CLÉMENT - SIMON

AVOCAT-GÉNÉRAL

(Extrait des Travaux de la Société d'Agriculture, Sciences & Arts d'Agen)

Tome II — II° Série

AGEN

IMPRIMERIE DE PROSPER NOUBEL

1872

ERRATUM.

Quelques fautes d'impression, dont mon écriture est seule coupable, ont échappé au très-obligeant collègue qui a bien voulu se charger pour moi de la révision de l'épreuve. J'indique celles qui altèrent le sens ou dénaturent les noms propres.

p. 7, ligne 13		lui lancer	lisez :	lui laisser
— — 20		reposait	—	reposait alors
p. 12, — 4		sceu tout	—	sceu tant
p. 16, — 10		Morin	—	Moreri
p. 19, — 24		Lescuro	—	Lescun
p. 22, — 5 et 6		l'inexactitude	—	l'exactitude
p. 23, — 25		substitution	—	substitution ordonnée
p. 24, — 21		Fieux	—	Jeux
p. 27, — 10		Oui, il	—	Oui, s'il
p. 29, — 17		Du Tournay	—	Du Fourny
p. 53, — 23		Cazeliau	—	Cazillac
p. 37, — 2		ce discours	—	à discourir
— — 7		Caussa	—	Cahin
p. 39, — 17		mariage	—	premier mariage
p. 43, — 11 et 12		se dîmiuer	—	se dissiminer
p. 46, — 1		Texte	—	Texto

LE TESTAMENT
DU MARÉCHAL DE MONLUC,
PUBLIÉ EN ENTIER POUR LA PREMIÈRE FOIS
AVEC UN CODICILLE INÉDIT.

Le testament de Blaise de Monluc n'est pas entièrement inédit. Le chanoine Monlezun en a donné des extraits dans les preuves de son estimable Histoire de la Gascogne, mais sa transcription est très-fautive et porte à peine sur la moitié du texte. En outre, le codicille qui a suivi le testament est resté inconnu jusqu'à ce jour. Le document que j'ai eu la bonne fortune de rencontrer mérite donc d'être publié. Malheureusement, ce n'est pas l'original signé du testateur, ni même une expédition en forme authentique, mais c'est une copie de l'époque en belle écriture de la fin du XVIe siècle, où le lieu où elle a été découverte ne permet pas de douter de sa sincérité. Charlotte de Monluc, fille aînée du second mariage du Maréchal, et qui est apportionnée dans le testament, se maria après la mort de son père avec Aymeri de Voysins, baron de Montaut, près Auch. Elle apporta chez son époux l'acte qui établissait ses droits dans la succession paternelle.[1] C'est dans le vieux château des premiers barons d'Armagnac, dont la massive tour du xi⁰ siècle défie encore les injures du temps, que je l'ai retrouvée parmi les papiers des Voysins, chez M. le baron de Roulhand de Montaut, mon beau-père.

Comme soldat et comme écrivain, Monluc tient, dans notre histoire, une assez large place, pour qu'il ne soit pas indifférent de connaître les choses de sa vie privée, ses affaires de famille et ses suprêmes volontés. Ceux qui aiment à chercher le cœur derrière le visage, et derrière l'éclat et le bruit de la vie publique les détails ignorés de l'existence intime, qui lorsqu'ils ont suivi le capitaine dans les batailles voudraient l'accompagner à son foyer, visiter sa maison, avoir commerce avec lui et les siens, ne liront pas sans intérêt les dernières paroles de l'époux et du père à sa femme et à ses enfants. Ils y trouveront quelque chose de plus que dans les biographies, et certains côtés de l'homme s'y montreront à découvert mieux encore, peut-être, que dans les Commentaires. En tout cas, ils pourront y puiser des renseignements précis sur l'état de la famille du vieux Maréchal, sur sa fortune, ses terres, ses meubles, sa vaisselle, ses débiteurs, ses gens; sans parler de quelques indications qui aident à mieux fixer la date de sa naissance et celle de sa mort. Je devrais, peut-être, me borner

---

[1] Il résulte d'un passage des Commentaires que Monluc avait fait antérieurement un autre testament auquel le sieur de Las, avocat du Roi à Agen, avait assisté comme témoin. Voy. *Commentaires de Monluc*. Édit. Michaud et Poujoulat, p. 351.

sans autre observation à leur communiquer ma trouvaille, mais puisque Monluc se présente en mon chemin, je ne résiste pas au plaisir de m'arrêter un peu sur cette étrange personnalité qui excite des sentiments si divers. Le soldat, l'historien, ont été jugés par les gens du métier, il ne m'appartient pas de venir après eux. L'homme n'a été guère étudié : je ne puis l'analyser ici, mais j'en dirai forcément quelques mots en touchant aux questions que le testament met en jeu.

Il ne faut pas juger Monluc à première vue. Le féroce batailleur, qui marchait accompagné de deux bourreaux et se vante d'avoir usé de la corde et du billot autant que de l'épée, n'est pas sympathique tout d'abord. Il apparaît comme un Baron des Adrets catholique, et l'on est tenté de lui laisser le nom flétrissant de *boucher royaliste* par lequel le désignent ses détracteurs. Si l'on surmonte cette impression, si l'on veut voir au fond de ce caractère d'apparence si inhumaine, si on relit les *Commentaires* avec réflexion, il ne reste plus dans le même jour. Cette nature sauvage entraînée par des instincts sanguinaires, ce fanatisme étroit dominé par la vengeance et la haine, prennent un autre reflet. Sous ces excès horribles et qui révoltent, il semble qu'on découvre l'impulsion combattue, mais irrésistible, d'un noble devoir. La foi catholique, la fidélité au trône, l'ordre dans l'Etat étaient en lui plus que des principes, de véritables passions. Le système politique et social reposait inviolablement sur cette triple base; c'était un crime, un sacrilége que d'oser en ébranler une seule assise. L'hérésie nouvelle s'attaquait à toutes ensemble, et Monluc obéissait à cette conviction qu'il fallait à tout prix l'étouffer dans son germe pour sauver à la fois la religion, la France et la monarchie. « J'ai voulu, dit-il, assoupir le feu qui despuis a bruslé tout. » Et plus loin : « Si tout le monde eût fait son debvoir comme moy, on n'eût pas vu ce qu'on a veu despuis. » Il y a dans son livre des paroles prophétiques à cet égard. Il prévoit les désordres infinis, le malaise de plus d'un siècle qui résulteront de cette « meschante nouveauté. Le pis est que c'est chose qui ne peut pas finir de longtemps. Aux termes que je vois les affaires, je ne crois pas que nous soyions au bout; pour le moins ai-je ce contentement en moi-même de m'y être opposé autant que j'ai pu et fait mon debvoir. Pleust à Dieu que tous ceux qui ont eu les forces en main n'eussent plus connivé que moi. Il faut laisser faire Dieu; après qu'il nous aura prou fouettés, il mettra les verges au feu.[1] » Bien d'autres voulaient comme lui la fin, seul il avait le courage des moyens. Je ne loue pas sa conduite, je l'explique.

Aujourd'hui on est porté à ne voir, dans ces tristes guerres civiles, que la question de la liberté de conscience; elle n'y fut qu'un accessoire, pour les chefs un prétexte. « Si la Royne et M. l'admiral estoient en un cabinet et que feu M. le prince de Condé et M. de Guise y fussent aussi, je leur ferois confesser qu'autre chose que la religion les a meus à faire entretuer trois cent mil hommes et je ne scais pas si nous sommes au bout.[2] » Les protestants étaient donc des rebelles dans l'esprit du temps; des révolutionnaires, si le mot eût existé. Sans trancher, en passant, le redoutable problème du bien ou du mal produit en Europe par la Réforme, il faut bien reconnaître quelle a été en France l'école de la Révolution. Son but politique échoua, mais il

---

[1] *Les Commentaires de Monluc*, p. 337, 376, 216.
[2] *Commentaires*, p. 277.

s'en fallut de bien peu que la France ne se réveillât en plein xvi⁰ siècle calviniste et républicaine. A coup sûr elle n'était pas déjà mûre pour la République puisqu'après trois siècles la question n'est pas résolue; elle n'a pas non plus mûri pour le calvinisme. Quelle impression autre que celle de la fureur et de la haine sans merci pouvaient produire dans une âme royaliste et catholique les tendances et les projets qui ne se cachaient plus ! Les ministres prêchaient publiquement aux paysans, « que s'ils se mettaient de leur religion ils ne payeraient aucun debvoir aux gentilshommes ni au Roy aucunes tailles...; autres preschoient que les Roys ne pouvoient avoir aucune puissance que celle que plairoit au peuple; autres preschoient que la noblesse n'estoit plus rien qu'eux, et de faict quand les procureurs des gentilshommes demandoient les rentes à leurs tenanciers, ils leur répondoient qu'ils leur monstrassent en la Bible s'ils le debvoient payer ou non, et que si leurs prédécesseurs avoient esté sots ou bestes ils ne le vouloient point estre. » Quand on parlait du respect dû à l'autorité royale : « Quel Roy ? nous sommes les roys; celuy-là que vous dites est un petit reyot de.....; nous lui donnerons des verges et luy donrons mestier pour luy faire apprendre à gaigner sa vie comme les autres[1] » Je veux bien que Monluc exagère, mais il est dans le vrai quand il dit que « le royaume de France était en proie.[2] » Ainsi s'exaltèrent ses sentiments. Il touchait à la vieillesse, faisait la guerre depuis quarante ans, et son naturel « aspre et fâcheux » (le jugement est de lui), n'avoit jamais manqué de magnani-

---

[1] *Commentaires*, p. 217, 218.
[2] Ibid., p. 270.

mité et de clémence. Avec autant de naïveté qu'il nous parle des huguenots jetés par ses ordres dans un puits, il nous raconte qu'à la prise de Capestrano il fit prier son lieutenant La Bastide de lui garder autant de femmes et filles qu'il pourrait « afin qu'elles ne fussent violées, ayant cela en dévotion pour un vœu que j'avois faict à Nostre-Dame-de-Lorette, espérant que Dieu pour ce bienfaict m'aideroit; ce qu'il fit et m'en amena quinze ou vingt qui fut tout ce qui se sauva.[1] » Ses dernières années sont un triste contraste dans sa vie. Après s'être montré généreux envers les ennemis du dehors, il fut sans pitié pour les ennemis du dedans. Contre ceux-ci, il avait délibéré « d'user contre son naturel, non-seulement de rigueur mais de cruauté, sachant bien, ajoute-t-il, que la douceur ne gaigneroit pas ces méchans cœurs ! » Ce démenti donné à son caractère, il l'explique dans une de ces maximes fortement pensées comme il y en a beaucoup dans les Commentaires : Les guerres étrangères se font pour honneur, les guerres civiles pour haine.[2]

Cet homme si convaincu, si dévoué à son Dieu et à son Roi, qui parle constamment de sa religion avec ferveur et des fils de son bon maître Henri II avec tendresse, fut cependant accusé d'être un traître et un sceptique, de n'avoir aucune croyance et d'être vendu à l'Espagnol. Les Huguenots « l'estimoient un athéiste. » Il repousse cette calomnie avec mépris et y répond seulement, en nous donnant la

---

[1] *Commentaires*, p. 16, 241, 247.

[2] Ibid. p. 210, 216 et de 232. « Aux guerres étrangères on combat pour l'honneur, mais aux civiles fault estre maistre ou valet, veu qu'on demeure sous mesme toit. »

prière qu'il récitait chaque matin. « Elle estoit ainsi l'ayant dès mon entrée aux armes apprise en ces mots : « *Mon Dieu qui m'a créé, je te supplie, garde-moy l'entendement, afin qu'aujourd'huy je ne le perde, car tu me l'as donné et ne le tiens que de toy. Que si tu as aujourd'huy déterminé ma mort, fais que je meure en réputation d'un homme de bien, laquelle je recherche avec tant de péril. Je ne te demande point la vie, car je veux tout ce qu'il te plaist, ta volonté soit faicte, je remets le tout à ta divine bonté.* Puis ayant dit mes petites prières latines, je promets et atteste devant Dieu et devant les hommes que je sentais tout à coup venir une chaleur au cœur et aux membres, de sorte que je ne l'avais pas achevée que je ne me sentisse tout autre que quand je l'avais commencée.[1] » Dans le Testament, avant le souci des intérêts qu'il laissera en deçà de la vie, on trouve les mêmes préoccupations pour ce qui l'attend au-delà. Il fait au bord de la tombe une vraie *confession de foi* qui n'est ni d'un esprit léger ni d'un cœur incrédule. Le préliminaire de son Testament, au lieu d'être banal comme une formule de notaire, est grave et solennel et respire une profonde conviction des sublimes vérités du catholicisme. Cela était bon à signaler.

Une autre accusation que les Huguenots ne furent pas seuls à faire peser sur Monluc, c'est de s'être enrichi par le pillage et la concussion, par des exactions de toutes sortes.[2] Le reproche lui tient au cœur et il y revient souvent dans ses *Commentaires*. « Et quant à estre riche pour

---

[1] *Commentaires*, p. 377.

[2] « Luy qui auparadvant n'avoit pas grandes finances, se trouva à la fin de la guerre avoir dans ses coffres cent mil escus. » (Brantome, *Hommes illustres*). Ed. Buchon, t. 1er, p. 363.

les biens, il y a cinquante ans que je commande ayant été troys fois lieutenant du Roi, troys fois maistre de camp, gouverneur de places, capitaine de gens de pied et de cheval, et avecques tous ces estats je n'ay jamais sceu tout faire que j'aye acquis trois métairies et racheptié un moulin qui avoit esté de ma maison, et tout cela ne monte que de 14 à 15,000 fr. Voylà toutes les richesses et acquisitions que j'ay jamais faict, et tout le bien que je possède aujourd'huy ne pourroit estre affermé à plus de 4,500 fr. de rente.[1] » Dans sa lettre au Roi Charles IX, où il se plaint avec amertume mais avec respect de son injuste révocation du gouvernement de la Guienne, il rappelle ce soupçon et déclare qu'on ne l'a pas trouvé dans les papiers des officiers de finance et qu'il d meurera toujours vêtu d'une robe honorable d'honnêteté et de fidélité. Plus loin, il répète : « Mais je veux qu'on seache et veux insérer dans ce livre, que pendant tant d'années que j'ai commandé, et aux grandes charges que j'ay eu, je n'ay peu acquérir pour vingt mil francs de bien ; et si on dict que j'aye pillé trois cent mil escus : je voudrois qu'il fust vray pourveu que ce fust sur les Huguenots nos ennemis. Ces calomniateurs n'auront pas cet advantage de me faire baisser la teste, car je la porteray haute comme un homme de bien. Les trésoriers et receveurs sont en vie : que le Roy voye leurs comptes, et s'il se trouve un seul liard tourné à mon profict, si sa Majesté ne me fait faire mon procès, elle ne fera pas bien.[2] »

Il faut l'avouer, Monluc ne dit pas toute la vérité sur sa

---

[1] *Commentaires*, p. 209.
[2] *Ibid*, p. 361, 376.

richesse. Il est mort laissant plus de 4,500 livres de rente. Le Testament nous édifie à cet égard, mais démontre en même temps que l'accroissement de sa fortune fut modéré et déterminé par des causes avouables. Il ne l'eût pas ainsi borné s'il eût eu la passion de l'argent et s'il n'eût pas reculé pour la satisfaire devant le pillage et le péculat. Il était « venu au monde fils d'un gentilhomme de qui le père avoit vendu tout le bien qu'il possédoit hormis huit cens ou mil livres de rente,[1] » et le premier de six frères. Il est vrai que trois d'entre eux n'arrivèrent pas à l'âge d'homme et qu'en qualité d'aîné il dut avoir la plus grande part des biens patrimoniaux ; mais cela n'en faisait pas un grand seigneur.

Au moment où il maria son fils Bertrand vers 1560, il possédait, nous apprend-il,[2] la maison de Saint-Puy avec ses métairies, trois moulins, vignes et prés; la maison d'Estillac avec trois métairies, un moulin, rentes et dîmes ; la maison et terre de Puch avec une métairie, près, vignes, deux moulins et rentes, quinze mil livres d'argent comptant et des meubles. Estillac, Espieux et Montjoye provenaient de la succession de sa mère, devenue héritière d'Estillac, par la mort de ses frères ; le surplus avait appartenu à son père, moins trois métairies, et un moulin qui en avaient été détachés et qu'il avait rachetés moyennant 14 ou 15,000 livres. A cette époque, il ne pouvait pas avoir pillé les Huguenots, et on ne l'accusait pas encore d'être un concussionnaire, mais sa fortune s'était augmentée de la dot de sa première femme qui était d'une riche famille toulousaine. Il acquit postérieurement la seigneurie de Castera-Lectourois, moyen-

---

[1] *Commentaires*, p. 2.
[2] Voir le Testament.

nant 18,000 livres et les places de Plieux, Lagraulet et Cumont. Il résulte en même temps du Testament, que ses créances mobilières ou les avancements d'hoirie payés à ses enfants dépassaient 200,000 livres. Quant à la principauté de Chabanois, il en avait hérité de son frère cadet Joachim, en 1567.[1]

La fortune de Monluc était donc plus considérable qu'il ne l'annonce. Il ne faut pas cependant se laisser éblouir par cette énumération de places et de seigneuries. Ces seigneuries, d'un effet si pompeux à la suite du nom, ne valaient le plus souvent que quelques centaines de livres de rente. Le domaine direct, sur une terre, séparé du domaine utile ne représentait en revenu guère plus que l'impôt foncier d'aujourd'hui. La comté de Gaure, tout entière, qui appartenait au Roi, ne lui donnait que 1,200 livres de rente. On ne connaît pas, même approximativement, la valeur des seigneuries possédées par Monluc : celle de Castéra-Lectourois paraît avoir été la plus importante.[2] En estimant les autres par comparaison et en tenant compte de celles dans lesquelles il avait propriété utile en même temps que directe, on peut élever sa fortune immobilière à 200,000 livres environ. On voit que ce n'était plus le pauvre cadet de Gascogne. Qu'une part de cette fortune de 400,000 livres ne provînt pas des aventures de la guerre, je n'en répondrais pas ; d'autant qu'il avoue lui-même, qu'il a profité de 3,000 écus sur les biens des Huguenots.[3] Mais il y a loin de là à le considérer comme un concussionnaire et un pil-

---

[1] Sur les terres de Monluc. (Voir les notes du Testament.)
[2] Monluc l'avait achetée 18,000 livres. (Voir le Testament.)
[3] *Commentaires*, p. 363. (V. aussi p. 376.)

lard sans foi ni loi. Après d'aussi longs services dans les charges les plus lucratives de l'État, sa richesse n'a rien d'extraordinaire ni de scandaleux ; et ce qui est certain, c'est qu'elle était due, pour la plus large part, à ses deux mariages et aux bienfaits qu'il reçut des rois de France. En 1555, après sa belle défense de Sienne, Henri II lui donna le collier de l'Ordre avec 3,000 livres de pension sur l'épargne et 3,000 livres de rente sur le domaine où la comté de Gaure était comprise pour 1,200 livres. Le roi lui donna, en outre, 2,000 écus d'argent comptant et deux places de Conseiller au Parlement de Toulouse, pour l'aider à marier sa fille Françoise.[1] Plus tard, il reçut encore à titre de don la Compagnie des gendarmes de La Guiche.[2] Il dut même obtenir de la générosité royale quelque faveur plus importante, car il nous rapporte qu'il était astreint à servir au cardinal de Guise une pension de 6,000 livres, et cette obligation dont Charles IX le délivra en 1567, ne pouvait être qu'une charge imposée sur une libéralité plus considérable.[3] La mémoire de Monluc doit donc être purgée du reproche de malversation et de pillage, tout comme de celui d'impiété.

Là ne se bornent pas les controverses et les incertitudes sur notre personnage, mais les autres ne sont que secondaires. Je ne veux toucher qu'à celles que le Testament remet naturellement en mémoire. La date de la naissance du Maréchal et celle de sa mort ne sont pas définitivement fixées et l'origine de sa famille est encore en litige : ces

---

[1] *Commentaires*, p. 158, 359.
[2] Ibid., p. 158.
[3] Ibid., p. 357-361.

questions sont assez indifférentes pour l'histoire ; elles ne sont pas déplacées à l'occasion de son Testament qui peut aider à les éclairer.

Il n'est pas jusqu'au nom de Monluc que l'on ne se soit plu à altérer. M. Tamizey de Larroque a fait judicieusement observer que tous les biographes et les généalogistes s'obstinent à l'écrire avec une orthographe fautive. Le Maréchal et tous ses contemporains ont écrit non pas MONTLUC mais MONLUC, sans la lettre T que depuis el XVIII° siècle on a ajouté. Le Testament confirme l'observation de M. Tamizey de Larroque.[1]

La naissance de Monluc est placée par les divers auteurs qui se sont occupés de lui entre 1497 et 1503. D'après Brantome qui le fait mourir âgé de quatre-vingts ans, il serait né en 1497, si toutefois il est mort en 1577. Mais quelques lignes plus bas, dans le même article, Brantome dit que Monluc avait soixante-onze ans au siége de Rabastens (1570) ce qui placerait sa naissance en 1499.[2] M. Borel d'Hauterive adopte cette dernière date. Morin, le P. Anselme, Chaudon préfèrent 1500 et la Biographie générale 1501. Le marquis d'Aubois propose 1502 ; la Biographie Michaud, M. Bouilhet et le plus récent et plus consciencieux éditeur de Monluc, M. de Ruble se rangent à son opinion. Enfin MM. de la Barre du Parc et Sainte-Beuve s'avancent jusqu'à 1503. M. Tamizey de Larroque pense que devant

---

[1] V. dans le Recueil de la Société d'Agen, 2° Série, t. I°, Quelques pages inédites de B. de' Monluc. Cette publication, comme toutes celles de M. T. de Larroque, est enrichie de notes d'une érudition aussi solide qu'agréable.

[2] Brantome, Les Capitaines Français, Édition Buchon, t. I, p. 305.

ces contradictions et jusqu'à la découverte d'un document précis, il faut se résigner à dire que Monluc naquit au commencement du xvi° siècle.

Cette variété d'opinions est assez singulière. Chaque auteur énonce la date qu'il a choisie sans l'appuyer sur aucune preuve ni même sur un raisonnement. On devine que chacun a puisé son appréciation dans une phrase distincte des *Commentaires*, sans se préoccuper de telle autre phrase qui n'est pas d'accord avec la première. Les *Commentaires* ont été écrits ou plutôt dictés dans les dernières années de la vie de Monluc; mais il ressort de leur lecture qu'ils n'ont pas été rédigés tout d'un trait. Monluc quitta le service une première fois en 1570 et commença « ses escriptures.[1] » Il reprit de nouveau les armes en 1573, assista au siége de La Rochelle, et en 1574, au siége de Gensac. Il se retira alors définitivement et mit la dernière main à son ouvrage.[2] Il raconte, dit-il, en consultant uniquement ses souvenirs, « ayant aussi bonne mémoire à présent que j'avois lors, me ressouvenant et des noms et des lieux combien que je n'eusse jamais rien escrit.[3] » Cela fait qu'il n'y a pas dans son livre une suite et une déduction parfaites. Tel passage du commencement a été écrit en dernier lieu, et quand Monluc y parle de son âge et de ses services, il peut induire en erreur. Ainsi, à la première ligne de ses *Commentaires*, il dit : « M'estant retiré chez moi à l'âge de soixante-quinze ans pour trouver quelque repos.[4] » S'il a écrit ce passage quand il a com-

---

[1] *Commentaires*, p. 378.
[2] Ibid., p. 378.
[3] Ibid., p. 4.
[4] Ibid., p. 3.

mencé son livre, c'est-à-dire en 1570, il serait né en 1495. Mais, quatre pages plus loin, il nous apprend qu'il a été fait capitaine en 1523, n'étant âgé que de vingt ans à peine. Voilà une différence de huit ans sur la date de sa naissance. Il est évident que les premières pages des *Commentaires*, qui sont une sorte de préface, ont été écrites tout à fait en dernier lieu et très peu de temps avant sa mort.[1] Il ne faut donc pas s'arrêter à ces contradictions plus apparentes que réelles, et il est mieux de rechercher si Monluc, soit à une date fixe, soit en rapportant un événement dont la date est connue, n'indique pas en même temps l'age qu'il avait à cette époque. Voici les renseignements que l'on trouve à cet égard dans ses divers écrits. Laissons-le parler lui-même : « Ayant esté nourry en la maison du duc de Lorraine et mis hors de page, je fuz pourveu d'une place d'archer de sa compagnie, estant monsieur de Bayard son lieutenant;[2] et bientost après il me print envye d'aller en Italie, sur le bruit qui couroit des beaux faits d'armes qu'on y faisoit ordinairement. Et ayant fait un voyage en Gascogne..... je me mis en chemin..... Je passay les monts et m'en allay à Milan, estant lors aagé de dix-sept ans.[3] » Puis il passe immédiatement au récit des événements auxquels il prit part en 1520 et 1521.

C'est donc en 1520 ou sur la fin de 1519 qu'il arriva en Italie. La guerre recommença entre le Roi de France et

---

[1] Voir aussi p. 366, où, sous l'année 1570, il parle de la mort de son fils Fabien, arrivée en 1573.

[2] Le chevalier sans peur et sans reproche. Monluc était de bonne heure à bonne école.

[3] *Commentaires*, p. 7.

l'Empereur et dura vingt-deux mois. Monluc y prit part en qualité d'archer dans la compagnie du maréchal de Foix.[1] Après la bataille de la Bicoque (1522) et la perte du Milanais, Monluc revint en France avec sa compagnie et monta en grade. « J'euz une place d'homme d'armes et un archer d'appointement. » En 1523, il devint enseigne de gens de pied sous M. de Lautrec,[2] frère du maréchal de Foix, et assista à l'affaire devant Saint-Jean-de-Luz. Il s'y fit remarquer par son intrépidité et sa présence d'esprit. En récompense, ajoute-t-il, « M. de Lautrec me donna la compagnie de mon capitaine, encore que pour lors je n'eusse atteint que l'aage de vingt ans.[3] »

Dans la suite Monluc donne encore une indication utile. En 1569 il se rend à Agen pour rassurer les catholiques contre les entreprises des Huguenots, et il prononce à la maison de ville un discours qu'il nous a conservé et dans lequel se trouve ce passage : « Penseriez-vous, mes bons amis, que je voulousse perdre à un coup ce qui m'a cousté de gaigner en cinquante-un ans que j'ay porté les armes.[4] »

D'autre part, M. Tamizey de Larroque a publié une lettre de Monluc au roi Charles IX au sujet de la conspiration de La Mole et datée d'Estillac le 13 mai 1574. Monluc s'y exprime ainsi. « Cejourd'huy treziesme de May j'ay receu, la

---

[1] Thomas de Foix, seigneur de Lescure, dit le maréchal de Foix. L'auteur de la notice sur Monluc, dans la collection Michaud et Poujoulat, a mal lu ce passage des *Commentaires* et donne ce personnage pour oncle de Monluc dont il n'était nullement parent. *Commentaires*, page 7.
[2] Odet de Foix, seigneur de Lautrec, dit le maréchal de Lautrec.
[3] *Commentaires*, p. 7 et 12.
[4] Ibid., p. 331.

lettre qu'il a pleu à Vostre Majesté de m'escrire de laquelle j'ay esté plus esmerveillé que de chose que j'ay jamais entendue et si exèdé en aage soixante-douze ans cinquante six que je suis soldat et cinquante-troys que j'ai commandé... » Enfin dans son Testament, Monluc dit encore : « et pour ce que en récompense des grandz et longz services que je faitz aux Roys de France despuis cinquante-six ans. »

Ces divers documents se concilient parfaitement. Monluc est né en 1502 avant le mois de mai.[1] Dès l'âge de 16 ans, en 1518, il servait sous Bayard. En 1519, à l'âge de 17 ans, il partait pour l'Italie. En 1523, il était nommé capitaine, ayant un peu plus de vingt ans et moins de vingt-et-un. En 1569, il avait en effet 51 ans de services militaires ; et en 1574, au mois de mai, il était âgé de plus de 72 ans. Il portait les armes depuis 1518, c'est-à-dire depuis cinquante-six ans. Cette même année 1574, il quitta définitivement le service, et il répète dans son testament qu'il avait servi pendant 56 ans.[2]

De la date de la mort de Monluc, je ne dirai qu'un mot pour montrer qu'elle a été indiquée au hasard par certains

---

[1] En 1502, jusqu'à Pâques, on a compté 1501.

[2] Dans sa lettre au Roi Charles IX, Monluc dit qu'il servait depuis 56 ans et commandait depuis 53. A la vérité, il ne commandait que depuis 52 ans, n'ayant été nommé capitaine qu'au commencement de 1523. Aux premières lignes de ses *Commentaires*, il déclare plus exactement qu'il a servi pendant 55 ans et commandé pendant 52. Ces différences sont insignifiantes. Elles peuvent provenir de ce que, jusqu'en 1564, l'année n'a commencé qu'à Pâques. Dans un cas, Monluc a compté selon l'ancien style; dans l'autre, suivant le nouveau ; ici il a négligé l'année commencée et non terminée, là, il l'a comptée comme complète. V. *Comment.*, p. 1, 359, 372.

auteurs. Ceux qui la fixent simplement en l'année 1577 risquent moins de se tromper, mais *l'Histoire des grands officiers de la Couronne* dit que Isabeau de Beauville était veuve du Maréchal au mois de juillet 1577. C'est sans doute d'après ce renseignement, que M. de Ruble énonce que Monluc mourut en juillet 1577.[1] Le codicille qui est du 18 août suivant, établit qu'à cette dernière date Monluc était encore vivant et même bien portant, car il s'était transporté d'Estillac à Condom, et le codicille n'indique pas, selon la formule, qu'il fut malade de corps.

La question de l'origine de la famille de Monluc demanderait plus de développement. Elle est difficile à éclaircir. Je ne prétends pas la résoudre et je ne l'aurais même pas agitée si le testament ne renfermait quelques indications qu'il est bon de signaler à ceux que cette controverse intéresse. Tous ceux qui ne dédaignent pas les études généalogiques et ne les considèrent pas comme tout à fait inutiles à l'histoire, n'ignorent pas ce débat. La famille de Monluc n'est-elle qu'une branche de l'antique maison de Montesquiou, qui s'est séparée du tronc au commencement du xiv° siècle pour prendre d'abord le nom de Lasseran-Massencôme et ensuite le nom de Monluc, sans garder trace des deux premiers ? Cette opinion déjà répandue au xvii° siècle a été développée dans le siècle suivant par de savants généalogistes et elle était restée incontestée. De nos jours, quelques érudits, M. Borel d'Hauterive,[2] entre autres, l'ont combattue en essayant de prouver que la mai-

---

[1] *Commentaires de Monluc* publiés par M. de Ruble, pour la société de l'Histoire de France (Introduction). Paris, Renouard, en cours de publication.
[2] *Revue historique de la Noblesse*, t. X.

son de Monluc n'appartenait ni aux Lasseran-Massencôme ni aux Montesquiou, mais avait une origine propre. Le premier système a pour lui de puissantes autorités : les auteurs de l'*Histoire des grands officiers de la Couronne*, Chérin et les savants diplomatistes [1] qui ont certifié l'inexactitude de la généalogie des Montesquiou, sans parler de La Chesnaye des Bois, Courcelles, etc.

D'après tous ces auteurs, Odet de Montesquiou, seigneur d'Estepuy (*dominus destipodio*), fils puiné du baron Raymond Aymeri III, épousa par contrat du 5 septembre 1318, Aude, unique héritière du seigneur de Lasseran-Massencôme, avec l'obligation de quitter le nom de Montesquiou pour prendre celui de Lasseran-Massencôme. L'acte en langage gascon est transcrit au long parmi les preuves de la généalogie de Montesquiou.[2] Il présente tous les caractères de l'authenticité. Le seigneur de Massencôme donnait à sa fille tous ses biens composés des terres de Massencôme, Bonluc, Monhurt, Puch de Gontaut et autres lieux.

De ce mariage provinrent deux fils qui formèrent chacun une branche. Aude de Lasseran fit son testament le 3 août 1351 et laissa à Guilhem, son fils aîné, la terre de Massencôme et ses dépendances. Guillaume Arnaud, le cadet, fut dans le même acte apanagé de la terre de Bonluc et autres.

La branche de Guilhem se poursuivit dans la ligne masculine, par son fils Guilhem II, son petit-fils Louis, et son arrière petit-fils Jean, jusqu'à la fin du xv° siècle. Jean

---

[1] Chérin, Dom Merlo, Dom Clément, Dom Poirier, Brequigny, Garnier, Rejot et Ducier.
[2] Preuves, p. 28-29.

n'eut qu'une fille, Isabeau, qui épousa Charles de Poyane, chambellan des rois Charles VIII et Louis XII.

La branche cadette fit souche de son côté, mais porta plus communément le nom de son apanage. GUILHAUME ARNAUD se maria avec Aude de Verduzan. Il testa en 1371 en faveur de Bertrand, son fils aîné.

BERTRAND fut seigneur de Monluc, de Puch, de Saint-Puy, etc. Il est mentionné dans le testament de son père et dans un acte de 1369. On ignore le nom de sa femme. Il fut père de Jean.

JEAN, seigneur de Monluc, était vivant en 1417; il eut pour fils Pierre.

PIERRE, seigneur de Monluc, de Monurt, de Pelet, etc., *maistre d'hostel du sérénissime seigneur de Lebret*, épousa Isabelle de Gontaud et fit son testament en 1482. Louis de Lasseran-Massencôme, fils de Guilhem II, dont il a été question ci-dessus, voyant que sa famille tombait en quenouille, le substitua avec sa postérité mâle à son héreu... Pierre de Monluc est le bisaïeul du Maréchal. Il eut pour fils Amanieu.

AMANIEU contracta mariage avec Marie de Pardaillan. D'après le marquis d'Aubois, cette union eut lieu le 15 juin 1454, et d'après le P. Anselme en 1469. Le 18 janvier 1486 (v. s.) Amanieu renonça en faveur de sa cousine Isabeau, épouse de Charles de Poyane, au bénéfice de la substitution par Louis de Lasseran. C'est de lui que Blaise de Monluc parle dans les *Commentaires*.[1] Il avait, dit-il, vendu tout

---

[1] *Commentaires*, p. 4-22. « Il avait vendu des quatre parts les trois des biens de la maison. Nostre maison n'estait pas si petite qu'elle ne fust de près de 5,000 livres de rente avant qu'elle fust vendue. »

son bien, hormis 800 ou 1,000 livres de rente et laissa cinq enfants d'un second mariage. On ne connaît que ceux qui, provinrent du premier : savoir, François, père du Maréchal ; Anne, femme de Jean de Serilhac ; Rose, femme d'Odet de Lasseran-Massencôme, fils puiné de Louis.

FRANÇOIS, seigneur de Monluc, de Puch de Gontaut, etc., rendit hommage en 1509 au sire d'Albret pour les terres qu'il possédait dans le comté de Gaure, au nombre desquelles Puch de Gontaud. Il eut deux femmes, Amélie de Traïs, qui ne lui donna pas de postérité, et Françoise de Mondenard, dame et héritière d'Estillac,[1] par la mort de ses frères, fille de Garcie de Mondenard et de Miramonde d'Albret.[2]

Il vivait encore en 1536.[3] Les enfants du second mariage furent :

1° BLAISE DE MONLUC, maréchal de France ;

2° Jean de Monluc, évêque de Valence et de Die, seize fois ambassadeur, et qui mourut à Toulouse en 1579. Il est aussi célèbre que son frère aîné. Son fils naturel devint le Maréchal de Balagny ;

3° Joachim de Monluc, seigneur de Longueville et de Fieux, qui fut prince de Chabanois, chevalier de l'ordre du Roi, capitaine de 50 hommes d'armes et gouverneur d'Albe en Piémont.[4] Il mourut en 1567.

---

[1] Le P. Anselme place ce second mariage en 1509. C'est une erreur évidente ou plutôt une faute d'impression.

[2] La Chesnaye des Bois. Généalogie Mondenard.

[3] *Commentaires*, p. 22.

[4] D'Alby en Languedoc, suivant le P. Anselme ; mais c'est encore une erreur.

4° Gulienne, femme de François de Pellegrue, baron d'Ayrval.

5° Anne, dame de l'Isle en Armagnac, qui épousa François de Gélas, seigneur de Leberon et d'Ambres.

6° Barbe, religieuse.

7° Isabeau, dame de Gouaube.

8° N.... femme du seigneur de Cornillac et de Saint-Germain, au bas Armagnac.

Et trois autres fils, morts jeunes et dont on ne connaît l'existence que par un passage des *Commentaires*.

Depuis Blaise de Monluc, jusqu'à son bisaïeul Pierre seigneur de Monluc et de Monhurt, maître d'hôtel du sire d'Albret, il n'y a pas de difficulté. Les objections se produisent lorsqu'on veut rattacher ce dernier à Odet de Montesquiou, son trisaïeul. Cette filiation n'est établie, dit M. Borel d'Hauterive, que sur un acte problématique de 1437, qui n'a pas été publié *in extenso*, et qui fait figurer Pierre comme fils de Jean et petit-fils de Bertrand; puis, partant de là, on suppose que ce Bertrand avait eu pour père Guilhaume Arnaud, fils puîné d'Odon de Montesquiou.

Je n'ai pas l'intention d'entrer à fond dans la discussion de cet acte, dont M. Borel d'Hauterive ne conteste pas d'ailleurs l'existence; je remarque seulement, en passant, que la filiation est établie sur des citations d'actes authentiques et non sur des suppositions. Si l'on entend dire que les actes sont supposés, il faut l'exprimer nettement; cette affirmation est nécessaire pour combattre la descendance établie dans l'*Histoire des Grands Officiers de la Couronne*. Mais je laisse cette question; le Testament n'apporte aucune lumière pour la résoudre, et je dois me borner à mettre en relief les renseignements qu'il fournit.

Ce que je remarque, c'est qu'Odon de Montesquiou était seigneur d'Estipouy et que, par son mariage, il devint seigneur de Bonluc, de Monhurt, de Puch de Gontaud, etc. D'après le P. Anselme, Estipouy est devenu Saint-Puy ou Saint-Pouy. Cette opinion serait favorable à mon système, mais je la reconnais inexacte. Le lieu dit Estipouy,[1] très distinct de Saint-Puy, était, avec Montesquiou, Mouchez et Riguepeu, une des quatre terres composant la baronnie de Montesquiou. Après le mariage d'Odon, elle n'en a pas été détachée, et ni lui ni ses descendants n'ont été dans la suite seigneurs d'Estipouy. Je suis porté à croire que ce nom a été mal lu dans l'acte de 1338, et qu'Odon y figure comme seigneur de Saint-Puy et non d'Estipouy.[2] En tout cas, son fils Bertrand est dit en 1369 seigneur de Saint-Puy. Bonluc s'est transformé en Monluc; cette corruption est des plus communes, et Monluc est encore aujourd'hui voisin de Monheurt et de Puch.[3] Voici donc quatre terres qui appartenaient à Odon de Montesquiou au XIVᵉ siècle, et nous voyons qu'elles sont arrivées dans la famille de Monluc. Pierre de Monluc, bisaïeul de Blaise, était seigneur de Monluc et de Monheurt au XVᵉ siècle. Dans le Testament du Maréchal figurent comme lui ayant toujours appartenu les terres de Saint-Puy et de Puch de Gontaud. Il n'est pas question de la sei-

---

[1] Chef-lieu de commune, canton de Montesquiou, département du Gers.

[2] La confusion entre ces deux noms est facile dans l'écriture du XIVᵉ siècle. Dominus de sancto Podio s'écrivait : dominus destopodio ; on a lu dominus destipodio.

[3] Monheurt, Puch et Monluc sont dans le canton de Damazan, département de Lot-et-Garonne. Monluc figure dans le pouillé publié par M. J. de Laffore, au tome VII de ce Recueil, sous le nom de Bonus lucus.

gneurie de Monluc, mais il n'est pas douteux qu'elle ne fût dans sa famille. Elle n'en sortit pas, car M. Tamizey de Larroque a constaté que, vers la fin du xvi° siècle, Blaise de Monluc, petit-fils et héritier du Maréchal, la possédait et y exerçait les droits seigneuriaux. Cette possession des mêmes seigneuries à travers trois siècles me paraît être une preuve sérieuse de l'identité d'origine. « N'y a-t-il pas mille moyens, dit M. Borel d'Hauterive, par lesquels la seigneurie de Monluc a pu, dans l'espace de près d'un siècle, passer des Lasseran-Massencome aux ancêtres du Maréchal ? » Oui, il n'y avait que le fief de Monluc ; mais la réunion de toutes les seigneuries possédées par Odon de Montesquiou exclut toute autre idée que celle de l'hérédité. Si M. Borel d'Hauterive avait connu cette coïncidence, il n'eût probablement pas émis ce raisonnement. Ne sait-on pas qu'à cette époque, durant les xiv° et xv° siècles, la propriété des terres seigneuriales se perpétuait dans les familles. Si elle en sortait par aliénation, elle y rentrait presque toujours au moyen des retraits lignagers ou féodaux. Il faut donc admettre que ces biens sont arrivés aux Monluc par hérédité de mâle en mâle ou par une alliance avec l'héritière de Lasseran. Or, la substitution faite par Louis de Lasseran-Massencome au préjudice de sa petite-fille Isabeau, en faveur de son cousin Pierre de Monluc, exclut absolument l'idée que Pierre de Monluc ne se rattachât à lui que par une alliance avec une fille de sa maison.

M. Borel d'Hauterive prétend tirer un autre argument de la différence des armoiries. Montesquiou porte : d'or à deux tourteaux de gueules ; Monluc porte écartelé aux 1er et 4e d'azur à une louve ravissante d'or, aux 2e et 3e d'or à un tourteau de gueules. Pour le vulgaire l'analogie est frappante entre le blason des Montesquiou et les 2ᵉ et 3ᵒ quartiers de l'écusson de Monluc. Mais pourquoi Monluc ne portait-il qu'un tourteau, tandis que Montesquiou en portait deux? On n'a jamais vu, dit M. Borel d'Hauterive, une branche cadette briser d'une pareille façon. Je ne me pique pas d'être grand clerc en héraldique, mais je puis affirmer qu'une pareille brisure n'est pas sans exemple. Les cadets brisaient un peu à leur fantaisie. Il en est qui changeaient complètement de blason.[1]

En outre pourquoi Monluc écartelait-il d'un autre écusson? Ce n'est pas celui des Lasseran qui portaient d'argent à la fasce de gueules, chargée de deux tours d'or : donc le blason de Monluc est tout à fait distinct de celui des Montesquiou. Paillot, dans la *Science des Armoiries*, donne la raison de l'addition de ces deux quartiers. Ce sont les armes de la ville de Sienne dont Monluc avait écartelé son écusson à la prière des Siennois, en mémoire du siége qu'il avait si vaillamment soutenu. Ce n'est là, prétend M. Borel d'Hauterive, qu'une assertion sans fondement et la capitulation de Sienne ne fait pas assez d'honneur à Monluc ni aux Siennois pour qu'ils aient voulu en perpétuer le souvenir. Tel n'était pas l'avis de Monluc et des Siennois, ni même du roi Henri II qui admira beaucoup la défense de Sienne et combla son lieutenant d'éloges et de bienfaits. Il est vrai que les *Commentaires* ne parlent pas de cette concession

---

[1] Pour ne citer qu'un exemple entre cent : Carbonnières en Limosin portait : bandé d'argent et d'azur de 8 pièces à 8 charbons de gueules. Carbonnières de Saint-Brice a brisé en supprimant une bande d'argent et en ajoutant 2 charbons : d'azur à 3 bandes d'argent chargées de 10 charbons de gueules. — Salle des Croisades et Preuves faites devant d'Aguesseau en 1666.

d'armoiries, mais il est certain que les armes de la ville de Sienne représentent une louve : c'est Monluc qui nous l'apprend lui-même dans le discours qu'il adressa aux Romains en 1556.[1] Il nous apprend encore que les Siennois lui avaient délivré une patente *revêtue de leur grand sceau*, et dans laquelle ils attestaient que Sienne ne s'était rendue qu'au dernier morceau de pain, et que le lieutenant du Roi de France en était sorti sans capitulation aucune, « enseignes déployées, les armes sur le col et tambour en sonnant. » Henri II voulut conserver cette pièce dans ses archives.[2] Si elle était retrouvée, elle confirmerait sans doute l'opinion de Paillot.

Enfin, et c'est le dernier argument de M. Borel d'Hauterive, cette prétendue descendance est restée inconnue de Monluc lui-même et de tout le monde jusqu'en 1738. Charles d'Hozier serait le véritable auteur de cette espèce de découverte, et Du Tournay et le P. Saint-Ange la lui auraient ravie pour la donner, les premiers, au public dans la 3ᵉ édition de l'Histoire des Grands officiers. Je signale ici une contradiction flagrante, doublée d'un anachronisme. M. Borel d'Hauterive énonce au cours de sa discussion qu'Adrien de Monluc, petit-fils du Maréchal, nommé chevalier de l'ordre en 1626, établit en 1629, devant les commissaires nommés pour sa réception, qu'il était issu au xvᵉ degré, de Bertrand de Montesquiou fils d'Aysinus Iᵉʳ, dit aussi Arsien

---

[1] *Commentaires*, p. 164. La devise de Monluc était : *Deo duce, ferro comite*. Sa cornette était noire et il disait avec jactance que les Huguenots ne l'oseraient manier s'ils la trouvaient abandonnée dans un fossé. (D'Aubigné, *Hist. Univ.*, t. II, p. 138.)

[2] *Commentaires*, p. 157-158.

le vieux (et par conséquent au ix⁰ degré d'Odet de Montesquiou). Charles d'Hozier n'a donc pas fait la découverte de cette descendance puisqu'il n'était pas né au temps où vivait Adrien de Monluc. Charles d'Hozier est né en 1640, et la troisième édition de l'ouvrage du P. Anselme, publiée en 1733, a reproduit les preuves fournies par Adrien de Monluc en 1629. Quant à Monluc, il est fort possible qu'il ait ignoré son illustre origine.[1] Les questions de généalogie avaient alors très peu d'importance. C'est la création des ordres de Saint-Michel et du Saint-Esprit qui, en soumettant les chevaliers à faire preuve de leurs quartiers, a poussé à ces recherches. La vanité nobiliaire n'existait pas encore parce que les priviléges nobiliaires n'étaient pas menacés. Les classes restaient distinctes et séparées; la bourgeoisie pouvait gagner la noblesse, mais elle ne pouvait ni l'usurper ni l'acheter. Ce n'est que lorsque l'argent et l'intrigue obtinrent la qualité de noble qu'on chercha à se distinguer entre les simples nobles, par l'antiquité et la pureté de la race. Je serais bien étonné, si l'on m'établissait que les Montesquiou, eux-mêmes, connaissaient durant les xv⁰ et xvi⁰ siècles leur origine quasi royale. Tous les auteurs du xvi⁰ siècle nomment le baron de Montesquiou qui tua le prince de Condé à Jarnac, et aucun ne parle de lui que comme d'un simple gentilhomme, d'un cadet de Gascogne, ne soupçonnant même pas qu'il descendait directement des

---

[1] Il ignorait bien celle de la famille d'Astarac qui se rattache aussi aux ducs de Gascogne. Lorsque Jean-Jacques d'Astarac, baron de Fontrailles, lui dit qu'il est de race remarquée et que les siens ont sauvé le royaume, Monluc lui répond que « la Maison dont son père estoit sorty, qui est celle de Fontrailles, estoit aussi pauvre que la sienne » *Commentaires*, p. 209.

ducs de cette province. Le maréchal d'Artagnan révéla en 1724 sa descendance des premiers comtes de Fézensac et s'arrêta là parce qu'il n'en savait pas davantage. Plus tard et en 1777, le marquis de Montesquiou remonta directement jusqu'aux ducs de Gascogne et par suite aux ducs d'Aquitaine et à Clovis. On connaît le joli mot que lui dit à ce sujet le comte de Maurepas : « Maintenant nous espérons qu'au moins vous voudrez bien ne pas retraire le royaume de France. » Revenons à Monluc. Il rappelle plusieurs fois sa qualité de gentilhomme, mais sans présomption et sans orgueil, et il assortit toujours la noblesse de sa famille, de sa pauvreté.[1] L'homme qui a écrit les lignes suivantes appréciait la noblesse à sa vraie valeur. Parmi les nobles, « de mon temps il en a été dégradé des armes et de noblesse, d'autres ont perdu la vie sur un eschafaud, d'autres deshonorez..... sans que jamais les roys ni autres en aient voulu faire plus compte et au contraire, j'en ai veu d'autres parvenir qui ont porté la picque à six francs de paye, faire des actes si belliqueux et se sont trouvés si capables qu'il y en a prou qui estoient fils de pauvres laboureurs qui se sont avancez plus avant que beaucoup de nobles, pour leur hardiesse et vertu.[2] » Un pareil langage n'est pas de nature à faire croire que Monluc, aurait-il même connu son origine, en eût fait un orgueilleux étalage.[3]

Je me suis peut-être trop étendu sur cette controverse

---

[1] *Commentaires*, p. 4.
[2] Ibid., p. 373.
[3] Ceci répond à cette phrase de M. Borel d'Hauterive : « si le Maréchal eût connu ou même présumé une pareille origine il n'aurait pas manqué de la signaler, car il cite toujours avec orgueil la noblesse de son extraction. »

sans importance historique, mais l'erreur même sur ce détail méritait d'être relevée.

J'arrive maintenant à l'état de la famille du Maréchal, tel qu'il résulte du Testament. Ici encore quelques erreurs des biographes et des généalogistes se trouveront rectifiées, et je donnerai quelques renseignements sommaires sur chacun des personnages que j'aurai à nommer.

Blaise de Monluc fut marié deux fois : le 20 octobre 1526 (le 20 septembre, suivant La Chesnaye des Bois), il épousa Antoinette ou Anthonye Isalguier, fille de Jacques Isalguier baron de Clermont. Le nom de la mère d'Antoinette Isalguier n'est pas indiqué, mais je trouve dans la généalogie de Montault[1] que Miramonde de Montault, née vers 1480, épousa (vers 1500) Jacques Isalguier, seigneur de Clermont, et je présume que la première femme de Monluc naquit de ce mariage.[2] La famille Isalguier était une des plus honorables du comté de Toulouse. La seigneurie de Clermont lui appartenait dès le XIVᵉ siècle. A cette même époque plusieurs Isalguier figurent parmi les capitouls. Ives d'Isalguier, chevalier, seigneur de Clermont, assista en 1457 aux États de Languedoc réunis à Carcassonne. Odet d'Isalguier fut député de la noblesse de sa province en 1484 et lieutenant du sénéchal de Toulouse en 1487. Jacques Isalguier fut aussi député de la noblesse du Languedoc aux

---

[1] Lainé. *Arch. de la Nobl.*, t. VIII.

[2] Je remarque en même temps que Miramonde avait pour sœur Anthonye de Montault qui fut sans doute marraine de sa nièce et lui donna ce nom peu commun au XVIᵉ siècle.

Etats de 1506 ; il avait été capitoul en 1503 et 1504.[1] La date de la mort d'Anthonye Isalguier est ignorée, mais elle est postérieure à 1559.[2]

Monluc se remaria à Isabeau de Beauville, fille de François, seigneur de Beauville, et de Claire de Laurens, dame de Soupex. La famille de Beauville tenait un rang élevé dans l'Agenois, et la terre de Beauville avait le titre de baronie.[3] La deuxième femme de Monluc lui survécut et épousa plus tard François de Pérusse, comte des Cars, lieutenant-général au gouvernement de Guyenne, chevalier du Saint-Esprit à la création de l'ordre, l'un des plus riches gentilhommes de France. Il était frère de Charles des Cars, évêque et duc de Langres, et de Anne des Cars, cardinal de Givry. Isabeau de Beauville mourut avant 1625. Charles des Cars son beau-fils, issu du premier mariage de François des Cars avec Claude de Bauffremont, énonce dans son Testament du 20 mars 1625, qu'il était en procès avec les héritiers de sa belle-mère. Elle eut deux enfants de François des Cars : Anne des Cars de Beauville, baron d'Excideuil, qui mourut à Paris en 1600 et institua sa mère héritière, d'où le procès ci-dessus mentionné; et Suzanne des Cars, qui fut épouse de Charles de Cayellac, baron de Cessac.[4]

Du mariage de Monluc avec Anthonye Isalguier pro-

---

[1] *Hist. de Languedoc.* Isalguier portait : de gueules à la fleur d'Isalgue d'argent, Lainé. — *Nobil. de Montauban.*
[2] Voir les *Commentaires* à cette date.
[3] Aujourd'hui chef-lieu de canton du Lot-et-Garonne. — Beauville portait d'or : à deux vaches de gueules. *(Le Roy d'armes.)*
[4] Nadaud. *Nobil. du Limosin.*

vinrent quatre fils et trois filles : 1° Marc-Antoine ; 2° Bertrand ; 3° Jehan ; 4° Fabien ; 5° Françoise ; 6° Marguerite ; 7° Marie.[1]

Il n'est pas question de Marc-Antoine dans le Testament, parce qu'il était décédé depuis longtemps, sans avoir été marié, mais Monluc en parle fréquemment dans les *Commentaires*, et vante beaucoup sa bravoure. Brantome et les autres contemporains ratifient ces éloges. Après avoir servi sous M. de Cossé à Marienbourg, Marc-Antoine fut envoyé à Rome, en 1556, comme capitaine sous le commandement de La Môle. A peine arrivé, il fut chargé, avec son camarade Charri et quatre cents arquebusiers, d'aller brûler les bateaux du duc d'Albe, devant Neptune. Cette expédition ne réussit pas. A quelque temps de là, le duc d'Albe assiégeait Ostie. Il avait déjà construit un pont et établi un fort au-dessus de la ville, lorsque le maréchal de Strozzi sortit de Rome et vint camper en deçà du Tibre, du côté du fort. Avant d'attaquer ces ouvrages, il fallait les reconnaître et Strozzi voulut charger de cette mission périlleuse les capitaines Monluc et Charri. Ceux-ci étaient restés à Rome sur le désir du Pape qui les avait réclamés pour sa garde ; le Saint-Père fut prié de les laisser venir. S'étant rendus au camp, ils préparèrent l'entreprise. Le lendemain, les ennemis sortirent comme de coutume, pour chercher des fascines, Marc-Antoine les suivit à leur rentrée, « et les

---

[1] L'auteur de la notice qui précède les *Mémoires de Monluc*, dans la Collection Michaud et Poujoulat, lui donne six fils. La *Généalogie de Montesquiou* et la *Biographie* Michaud lui en donnent cinq. Ces deux nombres sont erronés. Monluc n'eut de ces deux mariages que quatre fils et six filles.

mena battant sans crainte des arquebusades, jusques au bord du fossé qu'il recognut aussi sagement et curieusement comme si c'eust esté quelque vieux capitaine ; mais s'en retournant, une meschante arquebusade luy donna dans le corps. Toutes fois, de son pied, il se porta jusqu'au logis du dict sieur Maréchal, parce qu'il disoit qu'avant mourir, il luy vouloit rendre compte de son fait. Ledict sieur Maréchal le fit mettre sur son lit, sur lequel ce pauvre garson, rendant presque l'âme, luy dit ce qu'il avoit vu, l'asseurant que le fossé estoit à sec quoiqu'on luy eût dit le contraire : bientost après, il rendit l'âme. » (1557) Il fut enseveli à Rome, « comme s'il eût esté fils d'un grand prince. Si Dieu me l'eust sauvé, « ajoute Monluc, » j'en eusse fait un grand homme de guerre ; en outre, qu'il estoit vaillant et courageux, je cognus toujours en luy de la sagesse qui excédoit les bornes de son aage. Nature lui avoit fait un peu de tort, car il estoit demeuré petit, mais fort et apilé, les espaules grosses, au reste éloquent et désireux d'apprendre.[1] »

Bertrand, second fils de Monluc, devint aîné par la mort de son frère Marc-Antoine. Il est connu sous le nom de Peyrot[2] qui est un « chaffre de Gascogne que je luy donnay, dit Monluc, parce que ce nom-là de Bertrand me desplaisoit.[3] » Le capitaine Peyrot fit ses premières armes en France. En 1561, il était avec son père dans l'Agenais. L'année suivante, il assistait au combat de Targon et aux

---

[1] *Commentaires*, p. 471. — *Brantome*, art. Monluc.
[2] La *Biographie* Michaud l'appelle Pierre et la *Biographie générale* le nomme Charles. Ces deux recueils ne lui consacrent que quelques lignes qui contiennent de nombreuses erreurs.
[3] *Commentaires*, p. 373.

escarmouches qui suivirent, puis à la prise du château de Caumont et des villes de Monségur et de Lectoure. En 1563, il leva, pour les conduire au Roi, douze compagnies de gens de pied et une compagnie de chevaux-légers « les plus belles compagnies et les mieux armées qu'encore se feussent levées en Guyenne.[1] » Il était avec ses troupes devant Mucidan lorsque la paix fut conclue. Ne pouvant vivre en repos non plus que son père, et se voyant inutile en France, pour n'être courtisan, il résolut avec son frère Fabien, les vicomtes d'Uja et de Pompadour, une expédition en Afrique. Cette jeunesse ardente et aventureuse ne voulait rien moins que conquérir Mozambique ou Mélinde et y établir un comptoir pour le commerce français. Trois gros vaisseaux et plusieurs barques furent équipés ; 1,200 hommes de guerre, dont 300 gentilhommes, s'y embarquèrent. Le départ eut lieu de Bordeaux. Mais le vent fut contraire, la flottille fut jetée par une tempête sur les côtes de Madère. Quelques soldats voulurent aborder pour faire de l'eau; les Portugais les repoussèrent à coups de canon. Monluc irrité mit 800 hommes à terre, s'empara de la capitale de l'île et la saccagea. Comme il attaquait la grande église dans laquelle la garnison s'était réfugiée, il fut emporté d'un coup de mousquetade. On peut voir dans Brantome le récit détaillé de cette expédition qui méritait un meilleur dénouement. Le capitaine Peyrot mourut donc en 1566 et non en 1568, comme le dit le P. Anselme. Monluc s'exprime ainsi sur son compte : « J'avais perdu le courageux Marc-Antoine, mon fils aîné, au port d'Ostie, mais celuy qui mourut à Madères pesoit tant, qu'il n'y avoit pas gentil-

---

[1] *Commentaires,* p. 236, 260.

homme en Guienne qui ne jugeast qu'il surpasseroit son père. Je laisse ce discours à ceux-là qui l'ont connu, quelle estoit sa valeur et sa prudence : il ne pouvoit faillir d'estre bon capitaine si Dieu l'eût préservé.[1] »

Bertrand de Monluc avait épousé le 6 juillet 1563,[2] Marguerite de Caupène, fille et unique héritière de François seigneur de Caupène et de Françoise de Caussa. Il eut peut-être plusieurs enfants, mais un seul lui survécut. Le P. Anselme lui en donne deux qu'il nomme Blaise et Charles. Blaise est dit mort sans alliance au siége d'Ardres en 1596. Charles se serait marié avec Marguerite de Balaguier-Montsalez et serait décédé en la même année 1596. Il y a là une nouvelle erreur. Blaise est le seul enfant de Bertrand resté vivant en 1576, au moment où Monluc faisait son testament. Il épousa, en effet, Marguerite de Balaguier, qui lui donna une seule fille, mariée le 21 décembre 1606 à Antoine Pons de Lauzières, marquis de Themines. Blaise fut institué héritier universel par son grand-père. Il mourut au siége d'Ardres, en 1596,[3] après avoir légué la terre de Monluc à son cousin germain Adrien, fils de Fabien de Monluc.

Jehan, troisième fils de Blaise de Monluc, est aussi très-connu dans l'histoire. Il fut chevalier, puis commandeur de Malte, et se trouva au siége que les Turcs mirent devant cette ville en 1565.[4] Le grand maître Jean de La Valette,

---

[1] *Commentaires*, p. 261.
[2] D'après le P. Anselme, mais il semble résulter d'un passage des *Commentaires*, p. 208, que le mariage avait déjà eu lieu en 1559.
[3] Il eut les deux jambes emportées par un coup de canon. Voir dans Brantome le récit de ses exploits.
[4] « Le plus furieux siége que jamais ait esté despuis qu'il y a eu artilherie au monde. » *Commentaires*, p. 333.

écrivit à ce propos à Monluc pour le féliciter de la vaillante conduite de son fils. A son retour en France, le chevalier de Monluc eut le commandement de quinze enseignes d'infanterie, puis fut colonel de trente enseignes et suivit les combats de la Guienne. A la sollicitation de son père, il quitta le service militaire pour entrer dans les ordres. Monluc le fit nommer en 1571 à l'évêché de Condom. Il paraît qu'il ne fut pas sacré. Ses infirmités le forcèrent à se démettre en 1584; il mourut bientôt après.

Fabien, quatrième fils du Maréchal, est moins célèbre que ses frères. Il fut de l'expédition de Madère et accompagna son père dans les guerres de la Guienne. Le Roi Charles IX le fit chevalier de l'ordre, capitaine de cinquante hommes d'armes et gouverneur de Pignerol. Il fut blessé en 1570, au siége de Rabasteins, en même temps que Monluc et tué en 1573 au siége de Nogaro, en voulant forcer une barricade. « Encor qui fust mon fils, dit Monluc, je puis assurer qu'il était bien né et valeureux.[1] » Fabien de Monluc avait épousé, le 9 avril 1570, Anne de Montesquiou, fille unique de Jean, baron de Montesquiou, et de Gabrielle de Villemur. Elle lui apporta en dot la baronie de Montesquiou, avec l'obligation d'en porter le nom. Fabien de Monluc Montesquiou eut deux fils : Adrien et Blaise, tous deux mentionnés dans le testament de leur grand-père.

Blaise, seigneur de Pompignan, mourut sans postérité en Hongrie où il accompagnait M. de Nevers.[2]

Adrien de Monluc Montesquiou, prince de Chabanois,

---

[1] *Commentaires*, p. 380.
[2] *Brantome*, Art. Monluc.

seigneur de Montesquiou et de Monluc, fut capitaine de cent hommes d'armes, maréchal de camp, conseiller d'État et lieutenant général au pays de Foix. Le Roi le nomma chevalier de ses ordres par lettres du 10 mars 1613 et du 16 décembre 1626. Il eut pour commissaires le duc de Bellegarde et Filhet de la Curée qui certifièrent le 12 janvier 1629 qu'il était gentilhomme de nom et d'armes de quinze races, la sienne comprise, jusqu'à Bertrand de Montesquiou, fils d'Aysinus 1er. Ayant encouru la disgrâce du cardinal de Richelieu, il fut mis à la Bastille et ne reçut jamais le collier. Il mourut à Paris le 22 janvier 1646, âgé de 78 ans. C'est le dernier descendant mâle du maréchal.[1] Marié le 22 septembre 1592 à Jeanne de Foix, comtesse de Carmaing, il n'en eut qu'une fille, Jeanne, qui par son mariage avec Charles d'Escoublau, marquis de Sourdis et d'Alluye, apporta les biens de Monluc dans la maison de Sourdis.

Françoise de Monluc fut le cinquième enfant du mariage du maréchal. Elle épousa, le 23 janvier 1557, Philippe de La Roche, baron de Fontenilles, gentilhomme ordinaire de la Chambre du Roi en 1565, chevalier de l'ordre en 1568, capitaine de cinquante hommes d'armes en 1569. Fontenilles fut le compagnon d'armes de son beau-père, son nom revient à chaque page dans les *Commentaires*. Il survécut à sa femme, décédée avant 1576, et se remaria à Paule de Vigier (la belle Paule de Toulouse).

Les deux autres filles du premier mariage furent Margue-

---

[1] Le P. Anselme dit que le marquis de La Garde de Massen, du surnom de Monluc, gouverneur d'Orthez en Béarn, était sorti d'un puîné de Fabien de Monluc, mais ça ne peut être que son fils naturel. Fabien en eut plusieurs qu'il reconnut. *Le Palais de l'honneur*, p. 508.

rite, qui entra en religion au monastère de Prouillan, et Marie, qui fut aussi religieuse au couvent du Paravis.

De son second mariage avec Isabeau de Beauville, Blaise de Monluc n'eut que des filles, qui étaient en bas âge à la mort de leur père : Charlotte-Catherine, Suzanne et Jeanne.

La première, Charlotte-Catherine, qui avait été tenue sur les fonts baptismaux par le Roi et la Reine de France,[2] épousa Aymeri de Voysins, baron de Montaut, de Gramont, de Confolens, premier baron d'Armagnac, etc., lieutenant-général au gouvernement de Provence, tué au siége d'Aix le 26 juin 1593. C'est elle qui apporta le testament de son père dans le château de Montaut. Après la mort de son mari, elle fut tutrice de son fils, François de Voysins. Elle vivait encore en 1608, et recevait les hommages des tenanciers de Montaut. Elle était morte en 1634.[3]

Suzanne de Monluc, seconde fille d'Isabeau de Beauville, fut mariée deux fois ; le 12 octobre 1581, par contrat passé à Condom, elle s'unit à Henri de Rochechouart-Barbazan, qui n'était âgé que de dix-sept ans. Veuve en 1589, elle épousa en secondes noces N. de Clermont, seigneur de Clermont en Chalosse.

Enfin, la troisième fille, Jeanne, qui naquit après 1569[4] (Monluc avait alors plus de 67 ans), épousa, le 31 octobre 1587, Daniel de Talleyrand de Grignols, prince de Chalais.

---

[1] Prouillan : couvent de femmes de l'ordre de Fontevrault, sis en Condomois, aujourd'hui commune de Condom, département du Gers. — Paravis : couvent du même ordre, en Condomois, aujourd'hui commune de Port-Sainte-Marie, département de Lot-et-Garonne.
[2] *Commentaires*, p. 252.
[3] Papiers du château de Montaut. — [4] *Commentaires*, p. 332.

Voici donc l'état exact de la famille de Monluc. Nous connaissons sa fortune, voyons comment il la distribuait entre ses nombreux enfants. Il donnait d'abord aux pauvres de Saint-Puy et d'Estillac une somme de 200 livres. La libéralité n'était pas magnifique, il faut l'avouer, mais des aumônes en nature devaient s'y ajouter. A ses serviteurs et à ceux de sa femme il léguait environ 2,000 livres avec des chevaux pour les pages et des accoutrements pour les laquais. L'énumération de ces légataires nous renseigne sur son état de maison, qui était considérable.

Isabeau de Beauville avait, dans son contrat de mariage, reçu de son époux une donation de 12,000 livres. Monluc y ajoute 8,000 livres, de la vaisselle d'argent, des chevaux, tous les meubles acquis pendant le mariage et l'usufruit d'Estillac pour elle et ses trois filles.

La dame de Fontenilles avait touché en dot 14,000 livres : le supplément auquel ses enfants auront droit est fixé à 8,000 livres.

Marie et Françoise, religieuses, ont apporté dans leurs couvents une aumône dotale. Elle est augmentée d'une somme de 500 livres pour chacun des deux monastères de Prouillan et du Paravis.

Jehan le chevalier, évêque de Condom, reçoit 16,000 livres, la maison d'Agen et 4,000 livres qu'il a perçues sur les gages dus à son père. Monluc lui avait donné en 1568 la terre de Chabanais, mais, par ses ordres, Jehan avait transmis à Fabien le bénéfice de cette donation.

Les enfants de Fabien auront pour leur part une somme de 5,000 livres reçue par leur père, et la principauté de Chabanais. La valeur de cette terre, déduction faite des charges, est d'environ 10,000 livres. Si ses petits-fils ne consentent pas à l'imputer sur leurs droits héréditaires, Monluc les réduit à leur simple légitime.

Charlotte-Catherine, Jeanne et Suzanne, les filles du second mariage, sont apportionnées en sommes d'argent qui porteront intérêt jusqu'à leur mariage. Elles jouiront jusqu'à la même époque d'un revenu pour leur nourriture et leur entretien. Charlotte reçoit 50,000 livres avec 400 livres par an pour sa nourriture et 3,000 livres pour ses robes nuptiales. Suzanne reçoit 40,000 livres avec 300 livres de pension et 2,000 livres pour ses robes nuptiales. Jeanne n'a que 30,000 livres avec les mêmes accessoires que sa sœur Suzanne.

Enfin le testateur institue comme héritier universel son petit-fils Blaise de Monluc, fils de feu Bertrand. Outre les biens constitués à Bertrand dans son contrat de mariage, les sommes payées pour lui et tous les acquets faits à Estillac et à Saint-Puy (ces sommes et acquets s'élevant à près de 80,000 livres), Blaise recueillera tous les autres biens, sous la condition toutefois qu'il remplira toutes les obligations du testament et respectera les volontés qui y sont exprimées. S'il vient à répudier l'hérédité testamentaire en prétendant qu'un acte de donation consenti à son père lui confère des droits plus étendus, il sera destitué de cette hérédité et réduit aux droits provenant de cet acte de donation, dont la portée est expliquée. Pour cette éventualité, les enfants de Fabien et les trois dernières filles, Charlotte-Catherine, Suzanne et Jeanne sont institués héritiers universels. Le testament fait connaître les circonstances qui pourraient porter Blaise de Monluc à soulever cette prétention et contient à cet égard des instructions solennelles pour que ses prescriptions soient observées et que la concorde ne cesse pas de régner dans la famille. Enfin les substitutions et les accroissements de part en cas de décès, sont réglés avec détails, et les tuteurs effectifs et honoraires sont désignés pour les enfants mineurs.

Or, c'est assez parlé, comme dit Brantôme, de cette bonne race du maréchal de Monluc qui fut très-heureux à avoir lignée mais très-malheureux à la conserver. Soixante-dix ans après sa mort, son nom n'existait déjà plus. Ne prévoyait-il pas cette fin rapide de sa descendance masculine quand, par un véritable luxe de substitutions, il se préoccupait dans son Testament de ne pas laisser se diminuer ses biens ou s'éteindre son nom? Ces précautions n'atteignirent pas leur but. Trois de ses fils, valeureux autant que leur père, étaient morts de son vivant sur les champs de bataille; le quatrième les suivit de près, et ses petits-fils ne laissèrent pas d'enfants mâles. Les substitutions restèrent sans effet, le nom et les armes de l'illustre Maréchal ne furent pas relevés, et la branche bâtarde des marquis de Balagny resta seule pour perpétuer indirectement son souvenir. Elle disparut bientôt à son tour.

Malgré ces déceptions et ces ruines, la mémoire de Monluc n'était pas faite pour périr. Elle est restée vivante, précisément par l'œuvre qu'il regardait comme la moins brillante et la moins méritoire, par ses *Commentaires*, cette *Bible du soldat*, où se déroule, d'une façon attachante cette existence si agitée, dont le mobile a été énergiquement résumé par lui-même : ma vie et mes biens à mon Roi, mon âme à mon Dieu, mon honneur à moi.[1]

---

[1] *Commentaires*, p. 152. Cette fière devise vaut mieux que les phrases latines ou françaises faites pour décorer les portraits et le tombeau de Monluc :

Doctor erat bello spectatus, et impiger, alter Cæsar, res etenim condidit ipse suas;

ou :

Multa præstitit, plura discit, meruit tamen celebrari et summis viris accenseri.

ou encore :

Ci-dessous reposent les os de Monluc qui n'eut onc repos.

Pour ne pas multiplier abusivement les notes, je donne ici l'indication bibliographique des ouvrages que j'ai cités avec mention des éditions que j'ai eues entre les mains.

Les Commentaires de messire Blaise de Monluc dans la *Nouvelle collection des Mémoires pour servir à l'Histoire de France...* par MM. Michaud et Poujoulat. — Paris, 1838 ; in-8° (t. VII).

Histoire universelle, par le sieur d'Aubigné. Maillé, 1616-1618 ; in-f°.

La Science des Armoiries, par Paillot. — Paris.

Le Roy d'armes, par Gilbert de Varennes. — Paris, 1635 ; in-f°.

Le Palais de l'Honneur, contenant les généalogies historiques des illustres maisons, etc. (par le P. Anselme). — Paris, 1664 ; in-4°.

Histoire généalogique et chronologique de la Maison royale de France, des Pairs, grands-officiers de la couronne, etc., par le P. Anselme, continuée par du Fourny, 3° édition. — Paris, 1726-1733 ; in-f° (t. VIII.)

Généalogie de la maison de Montesquiou-Fezensac, suivie de ses preuves. — Paris, 1784 ; in-4°.

Pièces fugitives pour servir à l'Histoire de France (par le marquis d'Aubais). — Paris, 1759 ; in-4° (t. II).

Revue historique de la Noblesse, par M. Borel d'Hauterive. — Paris, 1841 ; in-8° (t. II. Recherches sur la maison de Monluc et sur sa parenté avec la maison de Montesquiou.)

Histoire de la Gascogne, par Monlezun. — Auch, 1846-1850 (t. VII.)

Archives généalogiques et historiques de la Noblesse de France, par Lainé. — Paris, 1843 et an. suiv. ; in-8° (t. VIII).

Biographie et Maximes de Monluc, par de la Barre du Parc. — Paris, 1848 ; in-8°.

Causeries du lundi, par Sainte-Beuve. — Paris, 1856, in-18. (t. XI, art. Monluc.)

Recueil des travaux de la Société d'agriculture, sciences et arts d'Agen (2º série, t. Iᵉʳ.) — Agen, Noubel, 1863 ; in-8º.

La plupart de ces ouvrages assez rares à rencontrer dans les bibliothèques de province appartiennent à la riche collection héraldique de Mᵐᵉ la comtesse Marie de Raymond qui les a mis à ma disposition avec une parfaite obligeance. Je lui dois aussi quelques-unes de mes notes. Tous ceux qui ont le bonheur de la connaître savent qu'elle pourrait emprunter pour sa bibliothèque la devise de Grolier : *Grolierii et amicorum*.

TESTE DU TESTAMENT.

Je, BLAISE DE MONLUC, maréchal de France, estant dans ma maison d'Agen, sain de mon corps et esprit ;[1] considérant la formation du corps de l'homme estre faicte du lymon de la terre, chose corruptible, et que l'ame est ung esperit vif et immortel et est envoyé du ciel au corps, par le commandement grace et bonté de Dieu ; nous faisans à ce conformes à luy, quant nous donne cognoissance et intelligence des choses haultes divines et humaines et du bien et du mal ; afin que par l'esprit qui est incorruptible et le corps masse corruptible feut mené conduict et dressé et moyenant la grace de Nostre Seigneur pendant ce boyage de pérégrination que l'homme a a faire en ce monde par la droicte voye et selon la loy et ses commandements. Donnant louange à nostre createur et constituant en luy nostre espérance, saichant aussi que l'esprit à nous donné par nostre dict créateur se despart de ce corps mortel poudreux et corruptible et qu'il sen retourne dou il est parti et que le corps dort et repose jusques au jour que Dieu faira son grand jugement en auquel chescung bon chrestien doict croyre et espérer, nostre dict esprit reprendre nostre corps transformé en aultre matière substance claire et nette, incorruptible et non subjecte à auleune passion et après estre perpétuellement auec Dieu, le voyant face a face, luy rendre graces, donner incessamment louanges et benedictions et recepuoir de luy tant de felicités et biens que l'esprit de l'homme ne poult comprendre ny la langue exprimer.

[1] Je reproduis l'orthographe de la copie sans y rien changer.

Par quoy ayant sur ce considéré en ceste ferme foy et espe-rance desirant plustost la mort aujourd'huy que demain neangmoingz en atendant sur ce le commendement de Dieu tout puissant, ayant receu de luy beaucoup de biens par sa grace au moyen desquels il luy a pleu et plaist que j'en uze et dispose en ce monde par raison, pour après les laisser et en disposer a qui apertient et ainsy que ma conscience me juge.

A ceste cause, par priuilege militaire je faiz mon testament et derniere volonté en la forme et matière que sensuict.

Et premierement quand il plairra a Dieu le createur que l'heure de mon trespas sera venue et qu'il aura repris mon ame veux que mon corps soict ensepuely au lieu de Sainct Puy en Gaure et au sepulchre de mes prédécesseurs auec telles funérailles que par les executeurs de mon testament sera aduizé et ordonné.

Je donne et legue aux pauures de Dieu du lieu de Sainct Puy [1] et lieu d'Estilhac [2] la some de deux cent liures payable par mon héretier bas nommé. Veux aussy qu'il soict distribué aux pauures le jour de mon enterrement et aultres jours de mes funérailles telle quantité de ble et de vin que mes dietz exécuteurs du présent testament aduiseront à leur discrétion.

Je donne et legue a Léonard du Molin mon Maistre d'hostel la some de deux cens liures payable par mon héretier bas nommé.

A....... Laplaigne mon aultre maistre d'hostel la some de cens liures payable par mon dict héretier.

A. M° Jacques La Salle mon secrétaire la some de deux cens liures que je veux luy estre payees par mon dict heretier.

---

[1] Saint Puy ou Sompuy, place du comté de Gaure, chef-lieu de commune du canton de Valence, département du Gers.

[2] Estillac, en Brulhois, chef-lieu de commune du canton de Laplume, département de Lot-et-Garonne.

A Johan La Salle mon escuyer la some de cent liures.

A M° Jehan Dufaiget cirurgien et mon valet de chambre la some de deux cens liures.

A Jehan Baillet mon cuyzinier la some de cinquante liures.

A Courbilhaud mon aultre cuyzinier la some de vingt cinq liures.

A Bertrand....... mon palefrenier la some de vingt cinq liures.

Aux paiges qui se trouueront à mon service lors de mon décès à chescung ung courtault de la valeur de vingt escuz sol, aux lacquais scauoir en argent vingt cinq liures. Aussy donne à Bernard Labadie la some de cinquante liures et à chescung un accoustrement; les susditz legatz payable par mon dict héretier sauf que audict Laplaigne luy sera rendu ung obligo de semblable some qu'il me doibt.

Je donne et legue à Damoyzelle Jehanne Deyme aultrement de Nolisne demeurant à present au seruice de Dame Ysabeau de Beauvillé ma femme la some de mil liures que je veux luy soict payée par mon dict héretier.

Et parce que sy deuant Marguerite et Marie de Monluc mes filhes et de feu Anthonye Ysaigniers ma premiere femme ont esté mises en religion scavoir est la dicte Marguerite au monastère des religieuses de Prouilhan et la dicte Marie au monastère de Parauis lesqueles respectiuement ont esté faictes professes et ausqueles lors je leur constituay dot compétent soufisant oultre les pentions frais fornitures et biens faictz qu eles ont receu de moy et que au moyen de la dicte profession soinct cencées personnes mortes non admissibles à aulcune succession soict universelle ou particuliere, légitime ne aultre droict quelconques; toutes fois en leur considération et contemplation je donne et legue aux dictz monastères et chappitres d'icceux pour plle légat charitable la some de cinq cens liures tourn. à chescung.

Aussy je donne et legue aux enfens et hoirs de feue Francoyse de Monluc ma filho en son viuant mariée avec le sieur et baron de Fontenilhes pour tout droict de légitime et suplément dicello qu'elle eust peu prendre et après sa mort ses héretiers et qui la représentent la some de huict mil liures tourn. oultre et par dessus la some de quatorze mil liures que je lui ay constituée en dot et qu'elle a receu laquelle some de huict mil liures je assigne aus dictz enfants et héretiers sur la place du Castera Leytoures¹ que j'ay achaptée a pacte de rechapt du sieur de Fontenilhes soubz le nom de Charlotte Catherine ma fille en laquelle some je les fais mes héretiers particuliers voulant qu'ilz ne puissent queréler ny demander aultre chose sur mes biens et cauzes.

Et pour ce que en recompense des grandz et longz services que je faictz aux Roys de France depuis cinquante six ans dans le royaulme et dehors et a ma seule contemplation Jehan de Monluc le cheualier mon filz estant voué a suivre le chemin de l'esglize catholique auroiet este pourueu de l'esueche de Condom despuis il auroict de mon consentement et à ma contemplation donné a feu Fabian de Monluc son frere tous les droictz que jauois donne au parauant au dict Jehan de la terre et principaulté de Chabanez² comme apert par contractz sur ce faictz et passes lesquelz droictz par le dict Jehan donnez au dict feu Fabian a ma dicte contemplation comme dict est et en tant qu'ilz seroient resides ou recheus en ma personne je confirme et ratiflie la dicte donnation ainsin faicte diceulx par le dict Jehan et par tant que besoin

---

¹ Place de la vicomté de Lomagne, aujourd'hui Castera Lectourois, chef-lieu de commune du canton de Lectoure, département du Gers. Cette terre appartenait depuis un temps très ancien aux La Roche Fontenilles qui rendaient au comte d'Armagnac l'hommage d'une lance de fer doré. (Montlezun. *Histoire de la Gascogne*, t. IV, p. 378.)

² Située en Angoumois dans le diocèse et la généralité de Limoges. En 1698 elle valait 15,000 livres de rente. Sa justice s'étendait sur douze paroisses et six annexes, mais n'avait aucune attribution souveraine.

seroict Je donne et legue de nouueau les dictz droictz aulx hoirs du dict Fabian en payant les charges qui se trouueront imposées sur la dicte terre et principaulté de Chabanez et au cas que la dicte terre feut euincée ausdictz hoirs de tout ou en partie Je veulx qu'ils se contentent des somes quy leur seront adjugées à cauze de mes droictz si mieulx ilz n'ayment prendre sur tous mes aultres biens pour raison diceulx droictz la some de dix mil liures et si lesdictz hoirs vouloient prethendre que la dicte principaulté leur apertenoict aultrement que de ma libéralité ou a ma contemplation et quelle ne feut imputable en la legitime du dict feu Fabian sauoir est par le moyen du dict Jehan son frere et qu'il en feut ainsin dict appellé mon heretier uniuersel en ce cas je leur laisse seulement sur tous et chescuns mes biens ce que leur peult apertenir pour leur droict et légitime en comprenant et desduisant la some de quinze mille liures tourn. que jay donne au dict feu Fabian par contract de son mariage avec la dame de Montesquieu[1] sa femme et tout ce qu'il auoict eu et receu de moy par sy deuant ou en vertu du present testament a quelque tiltre que ce soict qui est imputable en legitime sans pouuoir rien demander dauantaige sauf aussy qu'il sera desduict par lesdictz hoirs la some de cinq mil liures que le dict de Montesquieu a receu en son viuant sur les dictes quinze mil liures auec ce faiz et institue mes heretiers particuliers les dictz hoirs du dict feu Fabian nommés Andrian et Blaize de Monluc de Montesquieu.[2]

---

[1] Anne de Montesquiou, fille unique de Jean, baron de Montesquiou et de Gabrielle de Villemur, avait épousé par contrat du 9 janvier 1570 Fabien de Monluc, quatrième fils de Blaise. « Ce mariage , dit le P. Anselme (*Généalogie de la maison de Montesquiou*), réunit les deux branches de Montesquiou et de Monluc qui sortaient de la même tige. »

[2] Anne de Montesquiou donna à Fabien de Monluc deux fils :

« Adrien de Monluc, seigneur de Montesquiou, prince de Chabanois, comte de Carmain, baron de Saint-Félix, seigneur de Monluc, capitaine de

Et combien que le dict Jehan mondict filz euesque de Condom ne puisse prethendre aulcune chose par droict de legitime ou succession en mes biens a cauze qu'il est religieux profez de l'ordre Saint-Jehan de Hierusalem, aussy qu'il a de quoy s'entretenir honorablement et principa'ement du reuenu dudict euesche de Condom duquel il a este pourvu comme dict est a madicte contemplation, toutes fois pour l'affection paternelle que je luy ai porte et porte qui m'induict uzer de grace et liberalite en son endroict je luy donne et legue la some de seze mil liures tourn. payable par mon heretier uniuersel ; aussy luy donne et legue ma maison seize a Agen[1] que jay acquize sy deuant de Jehan Secondat sieur de Rocques[2] et de la reine d'Escosse;[3] pareilhement je luy donne et legue la some de quatre mil liures qu il a receu sy deuant du tresorier de lespargne a raison des gaiges que m estoient deuz par le Roy et moyennant ce je le fais mon heretier particulier en ce que dessus et veulx qu'il ne puisse prethendre aultre chose sur mesdictz biens droictz et cauzes.

---

cent hommes d'armes, maréchal de camp, conseiller d'Etat, gouverneur et lieutenant général du pays de Foix, qui épousa Jeanne de Foix, fille d'Odet de Foix, par contrat du 22 septembre 1592.

« Et Blaise de Montluc-Montesquiou, seigneur de Pompignan, qui mourut en Hongrie , où il avait accompagné le duc de Nevers. » Le P. Anselme. (*Généalogie de la maison de Montesquiou, seigneurs de Montluc,* t. VII , p. 293.)

1 Cette maison qui avant la Révolution était possédée par la famille de Coquet fut vendue sous la Restauration à M. Goulard. M. Recours, notaire à Agen, en est aujourd'hui propriétaire. Elle est située rue des Juifs et est attenante aux anciennes prisons. On remarque encore sur une des cheminées les armes de France sculptées dans la pierre.

2 Jean II de Secondat, seigneur de La Fleyte, Roques, etc., conseiller du Roi et général de ses finances en Guyenne, maître d'hôtel des Roi et Reine de Navarre, gouverneur des châteaux de Nérac, Rions et Aiguillon, mort en 1599 à l'âge de 84 ans. *(Nobiliaire de Guyenne.)*

3 Marie Stuart.

Pour de ce dessus jouyr et faire les fruictz siens sa vie durant reseruant apres son décès la propriété et fons a mon heretier uniuersel cy apres nommé ou substitue selon l'ordre des substitutions cy bas incerées afin que le corps chappitre et communaulté du dict ordre Sainct Jehan de Hierusalem ne puisse prethendre ny avoir aulcung droit pour raison desdictz legatz que je veulx en estre priué entierement soit en general ou en particulier.

Et quand a la dicte de Beauuille ma femme oultre la some de douze mil liures tourn. que je luy ai donne par le contract de mariage que je veulx et entendz estre garde et obserué de poinct en poinct sans rien obmestre Je luy donne et legue pour les agreables seruices quelle ma faictz dont je suis tres content et qu espere fera a l'aduenir sauoir est la some de huict mil liures tourn. six couppes dargent dorees les deux auec couuercles et les aultres non deux sallieres auec un couuercle chescune, ung petit vaze doré deux aiguieres douze assiettes deux chandeliers un rechault ung plat bassin une escuelle a reilhés le tout dargent, trois muletz deux cheuaulx de pas ou deux hacquenees et trois courtaulx a son choix de ceux que se treuueront estre a moy au temps de mon deces. Et par tant que de besoing seroict luy legue encores la garniture de tapisserie dune chambre que Jehan Terron marchant de Tholoze luy enuoyn de Flaudres en recognoissance de quelque bienfaict qu'il auoict receu delle sestant employee à ung sien affaire. Ensemble luy donne et legue tous aultres meubles de ma maison ustancelle que se trouueront auoir este faicts et acquiz pendant nostre mariage sans toutes fois en ce comprendre les deniers comptans debtes et vaissele dargent aultre que celle que sy dessus je luy ai donnée et leguée le tout pour en pouuoir librement disposer par elle tant en viduité que en cas qu elle conuolast en secondes nopces en fabueur de quy luy plairra a son plaisir et voulonte.

Et parce que du mariage d'entre moy et la dicte Beauuille ont este procrées troys filhes sauoir est Charlotte Catherine ,

Suzanne et Janne Françoyse de Monluc, je donne et legue a lad. Charlotte la some de cinquante mil liures tourn. de laquelle je luy assigne la some de vingt sept mil liures sur les deux pieces de Plieux[1] et Lagraulet[2] que jay achaptées du sieur de Faudouas.[3]

Et quant est a la d. Suzanne je luy donne et legue la some de quarante mil liures sur la place de Cumont[4] en Armaguac que jay achaptée au nom de la d. Suzanne aussy a pacte de rachapt de feue Madeleine de Saincte Colombe dame de Lisle.

Et pour le regard de la d. Jehanne je luy donne et legue la some de trente mil liures de laquelle je luy assigne les dix mil liures sur la place de Castera Leytoures, que jay sy deuant achaptee soubz le nom de la d. Charlotte Catherine aussy a pacte de rachapt du seigneur de Fontenilles pour la some de dix huict mil liures tourn. de laquelle some de dix huict mil liures jen ay cy dessus legue les huict mil liures aux enfans et hoirs de la d. Francoize ma fille.

---

[1] Terre dans la vicomté de Lomagne, chef-lieu de commune du canton de Miradoux, département du Gers. Elle était dans la maison de Faudoas, depuis le XIVe siècle.

[2] Terre dans la comté de Fezensac, chef-lieu de commune du canton de Montréal, département du Gers.

[3] Ce doit être Jacques de Rochechouart-Barbazan, baron de Faudoas, etc., qui épousa par contrat du 20 août 1564, Marie Isalguier, fille et héritière de Bertrand Isalguier, baron de Clermont et, de Jeanne de Saint-Estrême. Leur fils Henry de Rochechouart épousa Suzanne de Monluc. (*Gén. de Faudoas.*)

[4] La seigneurie de Cumont en Armagnac était possédée à cette époque par Imbert de Montesquiou, fils de Gallardon de Montesquiou. Il avait épousé Madeleine de Sainte-Colombe. Ce n'est pas d'elle qu'il s'agit ici, mais d'autre Madeleine de Sainte-Colombe sa sœur ou sa tante, veuve de Jean de Goulard, seigneur de l'Isle. Elle avait sans doute acquis elle-même à pacte de rachat la terre de Cumont revendue à Monluc. Cumont fut racheté par les Montesquiou, car au XVIIe siècle la branche de Saintrailles en avait encore la seigneurie.

Et veulx que le surplus des somes que je donne et legue a mes d. filles et chascune delles soiet prins sur les deniers qui se trouueront en mes coffres et en mes debtes les plus clairs et liquides et aultrement sur tous et chascuns mes biens meubles et immeubles sur lesquelz jassigne toutes les d. somes que je leur donne et legue au cas que les d. terres et places sur lesquelles je leur ay assigné les d. parties de leur dot ayent este rechaptées et retirees sans ce que mes d. filles ou leurs mero et tuteur ne aultres legataires soient tenus pour le recouurement et paiement des d. legatz soy retirer ni requerir consentement de mon d. heretier ny iceluy apeller ne autres que les debiteurs ou detempteurs des somes et deniers qui me sont deuz destinez au payement des d. legatz desquels debiteurs ou detempteurs des d. deniers, directement les d. légataires prendront le d. paiement a quoy les pourront faire constraindre en vertu de ses presentes. Et en ce je institue mes trois filles mes heretieres particulieres et veux que apres mon décès jusques a ce quelles soient mariées a chescune delles soient et apertienent les fruictz des d. terres et places ou sy les d. places estoinet rachaptees que l'argent qu en prouiendra ensemble le surplus de ce que je leur ay constitué en dot soiet mis a lintheretz au profflet de mes d. filles pour l'augmentation de leur dot et ce par leurs d. mere et tuteurs sy apres nommés. Davantaige veulx et ordonne que pour leur entretenement oultre leur norriture et alimans que sy apres leur seront laisses leur soiet baillé par chescun an jusques à ce quelles soient mariées la some de mil liures sauoir est a la d. Charlote quatre cens liures et a chescune des d. Suzanne et Jehanne trois cens liures. Et en oultre leur donne et legue la some de sept mil liures tz. pour les robes nuptiales sauoir est a la d. Charlotte la some de trois mil liures tz. et a chescune des d. Suzanne et Jehanne la some de deux mil liures tz. lesquelles somes de mil liures tz. par an dune part et sept mil liures daultre seront aussy prins sur mesme nature de deniers que les d. legatz et en la qualité sus d. Et s'il aduenoit que aulcune ou aulcunes de mes d. filles et de la d. de Beauuile decedassent auant destre mariees en ce seul cas Je substitue a celle ou celles que ainsi sera décédée ses aultres seur ou seurs suruiuantes et sy toutes decedoinct en la d. qualite sans estre mariées je leur substitue mon d. heretier uniuersel bas nommé et en tout cas neangmoins je veux et ordonne que ce soict sans prejudice du droit de legitime qui peut apertenir a la d. de Beauuile leur mère en la succession de mes filles ou de droict ou de costume auquel droict de légitime sans aulcune dispute je veux que la d. de Beauuile soict admyse.

Et afin que mes dictz enfens viuent en paix et vnion après mon décès comme ilz font durant ma vie et quilz nayent occacasion de se quereller ensemble ou ce reprocher lun laultre sur les d. dons ou legatz prethendans estre exccif ou Inégaux Je veux et ordonne que les d. legatz sortent leur plain et entier effaict en la forme et qualite susd. sans aulcune diminution des d. legatz et que celuy ou ceux qui querelleront ou rescercheront les d. legatz aus d. legataires ou aulcung deux qu'il soit tenu paier à celluy qui sera querelle ou rescrche la some de deux mil escutz sol laquelle en ce cas je veux et ordone quelle soict diminuee du legat de celuy qui sesforcera quereller ou rescercher et accroistre à celuy ou ceulx qui seront troubles quereles ou recerches.

Et pour ce que mon intention est que mes d. filles demeurent en la compaignie de ma d. femme tant qu'elle viura viduellement jusques à ce quelles soinct mariees pour laffection maternelle quelle leur porte et la bonne instruction quelle leur donnera et afin quelles ayent moyen sentretenir ensemblement Je donne et legue à ma dicte femme et filhes, la jouissance et usufruit du chasteau terre et seigneurie dEstilhac Espienx [1]

---

[1] Chef-lieu de commune, canton de Nérac, département de Lot-et-Garonne.

et Monjoy[1] leurs appertenances et dependances fruictz proffetz reuenus et emolumens diceulx ensemble de tous et chescuns les aultres meubles appertenans à mon heretier sy après nommé que ce treuueront au d. chasteau d'Estillac lors de mon décès. Et oultre ce, je donne et legue à ma dicte femme et filhes la jouyssance de trois douzaines de platz deux chandeliers et dung bassin de la vaisselle dargent que jay de présent ou auray au temps de mon décès aultre que celle que j'ay cy dessus donnée et leguée à la d. de Beauuille ma dicte femme et ce pour en jouir par elles et chescune delles sauoir la d. de Beauuile pendant sa viduicté et les d. filles jusques a ce qu'elles soinct mariées et cependant que les d. fruictz soinct prins et perceuz régis et administres et conuertis a la norriture des d. filhes par la d. dame leur mère comme plus proche et celle qui ayme plus le bien profflct utillité et honneur de ses d. filhes que aultre que ce soict le tout sans rendre compte ny prester le reliqua par la d. de Beauville ma femme a ses d. filhes ne a aultre quelconque.

Et au cas où la dicte de Beauuille decederoict ou viendroict a secondes nopces suruiuantes mes d. troys filhes sans estre mariées, je veulx et ordonne que le d. usufruict dessus a elle legué demeure par entier a mes d. troys filhes esgalement et conjoinctement pour leur dicte norriture et entretenement tant quelles demeureront à marier.

Et aduenant le cas que une ou plusieurs delles seroinct mariées ou décedées estant ma d. femme décedée ou remariée je veulx et ordonne que luzufruict de celle ou celles de mes dictes filhes qui seront mariées ou décedées soict diminué a la suruiuante ou suruiuantes pour la portion des décedées ou mariées et

---

[1] Aujourd'hui La Montjoye, chef-lieu de commune, canton de Francescas, département de Lot-et-Garonne. Les seigneuries d'Espieux et de Montjoy étaient unies à celle d'Estillac.

quil accroisse a mon dict heretier bas nommé. Toutesfois si mes d. troys filhes decedoinet ou se marioinet auant que leur d. mère se remariast en ce cas je veux et ordonne que le d. uzufruict demeure entierement et sans diminution quelconque à ma dicte femme pour en jouyr comme dict est tant quelle viura en viduicté soict que aulcune ou toutes des d. filhes feussent mariées ou décedées et veulx et ordonne que après que le legat particulier de vaysselle d'argeant que jay sy dessus donné a lad. de Beauoile ma femme luy sera rendu et paye que du surplus de la d. vaysselle dargeant soict pareillement baillé et desliuré a mes d. femme et filhes la jouyssance des d. trois doutzaines platz deux chandeliers et un bassin que je leur ay sy dessus laisses en la forme qualitté et condition contenue aud. legat du d. usufruict et que le restant de ma d. vaysselle d'argent soict vandu pour les deniers quy en prouiendront estre mis aux intheretz avec le reste de mon argent.

Et pour ce que le fondement d'ung bon et valable testament est institution de heretier ou heretiers uniuerselz et mon intention est de faire mon heretier uniuersel mon petit filz Blaise de Monluc enfant premier nay de deffunct Bertrand de Monluc mon filz et de dame Marguerite de Caupene. A ceste cause auant toute aultre chose je le veux aduertir et prier d'accepter mon hérédité plustost en verteu de mon presant testament que au moien et par verteu daultres actes entre vifz ou aultrement que je pourrois auoir faictz et passes auec et en faueur de mond. filz son père car en ce faisant il me rendra lhoneur et obeissance quil me doict et la recognoissance que jay meritee de luy et de sond. feu père mon filz et fera chose digne de son deuoir. Et ou au contraire si pousse de quelques esperitz de dissention, il vent a repudier mon hereditté pour se tenir aus d. actes faictz entre vifz qui sont une donnation du vingt huictiesme octobre mil cinq cens soixante trois ou aultres dictz actes et ce qui son est ensuyui il destruira ma voulonte et semera la discorde cause de finale ruine entre luy et mes aultres enfens fils et filhes lesquelz je desire estre a tous jours unis de fraternelle amitié comme jay toute ma vie prins peyne pour les esleuer et faire grandz. Car si tant est ce qua Dieu ne plaise que de cœur ingrat il prethendist tous mes biens luy appertenir par verteu de la d. donnation et actes en ce cas je supplie humblement la benignité et justice de toutes les Cours soueueraines de ce royaulme qui en auront la cognoissance tant contre luy que celuy ou ceux de mes enfans qui vouldront contredire ou [s]irconuenir ma presente voulonte qui est vrayement paternelle officieuze et tres équitable et declaire que par la d. donnation je nay jaymes entendu auoir donné que les biens meubles et immeubles que javois lors sur lesquelz encore je me reseruay de pouuoir aportionner resonablement mes autres enfens sans comprendre en la d. donnation luzufruict de mes biens que je may reserue expressement et encores sans y comprendre les noms resons et actions que des lors mapertenoinct pour lesquelles exclure de la d. donnation et les reseruer comme le d. uzufruict a ma plaine disposition et voulonte je vsay par aduis de conseilh de ses motz meubles et immeubles sans jamays auoir entendu de donner mes biens venir moingz en auoir donne auleune charge expresse et especiale par la procuration que jen feis au s^r de Panjas [1] ce que jay aultres foys declaire et le declare de rechef car la verité est telle que ce mot a venir couché en la d. donnation feut adjousté et placé par une commune vsance de notaires sans que jen disse auleune chose et par legierette de main precipitation inadvertence et erreur et de faict si tost quil vinct a ma notice jen protestay et mesmes auparauant que ratiffier les pactes de mariage du d. Bertrand

---

[1] Panjas, terre dans le Comté d'Armagnac et dont le nom était alors porté par François-Jean-Charles de Pardaillan, comte de Panjas, chevalier de l'Ordre, gouverneur du Haut et Bas-Armagnac et de la ville et citadelle d'Eauze et de Manciet. C'est lui qui est ici désigné ou peut-être Ogier de Pardailhan son père, qui n'était pas mort en 1563. (*Le P. Anselme*, t. V.)

mon filz et de la d. dame de Caupene et deuant quilz feussent insinues je feiz la d. declaration protestay du d. erreur et après du propre consentement des d. mary et femme auparauant que les d. pactes feussent par moy ratifflés le d. mot feut par eux regette et adnulle comme contraire a leur intention et mienne et feut la d. donnation restrainte de leur france voulonté aux biens meubles et immeubles que jauoys lors du d. mariage lesquelz biens meubles et immeubles que jauoys lors je declaire que c'estoinct : premierement la maison de Sainct Poy accompagnee de ses meteries et trois molins vignes et predz, la maison dEstillac accompagnee de trois meteries ung molin rentes et dismes et le bien dEspienx et Monjoy. Plus la maison et terre de Puech[1] accompagnee d'une metérie predz vignes deux molins et rentes argent comptant quinze mil liures vaisselle dargent tapisserie lictz linge et aultres meubles selon linuentaire et description que jen feiz sy deuant faire tant par la dame de Prouilhan ma fille escript de sa main et de feu Barathe mon Me d'hotel après la mort de ma feue femme et aultres roolles et memoires que despuis jay approuue et afferme par serement estre véritable en presence de Me Pierre Quocy notaire et tesmoingz denommes par un acte sur ce faict et signé de moy du premier jour de nouembre dernier dépposé le d. acte en l'inuentaire general que jay faict faire pardevant le d. Quocy contenant tous et chescuns les biens que javois lors du contrat de mariage du d. Bertrand meubles et immeubles lequel inuentaire et description japrouue et confirme et veux y estre adjoustee foy afin que mon dict heretier nen puisse demander et prethendre daultres que ceux que sont contenus par iceluy soiet a ma dicte femme ne a aultre que après mon deces se trouuera en avoir la garde et administration ce que je leur prohibe et defens tres expressement.

[1] Puch ou Puch de Goutaut, chef-lieu de commune, canton de Damazan, département de Lot-et-Garonne.

Donques je fais et institue mon heretier uniuersel esd. biens meubles et immeubles que jauois lors du contrat de mariage dud. deffunct Bertrand de Monluc mon filz sauoir est le d. Blaize de Monluc son enfant premier nay mon petit filz confirmant la d. donnation partant que besoing seroict et en la manière que dict est et en oultre pour l'affection paternelle que je luy porte comme representant mon filz ainé le chef de ma maison je linstitue mon heretier uniuersel en tous et chescuns mes aultres biens que jay despuis le d. contrat de mariage espargnes de mon d. usufruict retires et reserues de mes d. noms et actions ou aultrement acquis et accumulez en quelque maniere que ce soict et que jauray au temps de mon décès sauf et excepte les somes et aultres choses sy dessus expeciffiees que j'ay particurement données et assignées, comme dict est et lesquelles préalablement payees en la qualite que dict est restera que je luy laisse encores pour les d. droictz diustitution oultre les biens que javois lors du d. contrat de son d. feu père. : premièrement la some de douze mil liures que je pourrois exiger et repéter sur luy les ayant fournies a son d. feu père lors de son mariage ; plus la some de trente six mil liures que jay payees a son acquict à Jehan Lychany merchant comme appert de lobligation par contract du vingt septiesme dapvril mil cinq cens soixante six ; plus tous et chescuns les acquetz que jay faietz tant a la terre de Sainct Poy que a Estillac despuis la d. donnation montans plus de quinze mil liures esqueles somes et acquetz montans plus de soixante mil liures oultre les meubles argeant et aultres biens sy dessus declares et les bastimens neuf et aultres reparations faictes esd. lieux qui sont de la valeur enuiron de quinze ou setze mil liures je l'institue mon heretier uniuersel et en tous et chescuns mes aultres biens que jauray au temps de mon dict décès soinct meubles ou immeubles noms raisons et actions quelconques a la charge d'accomplir le contenu au present testament de poinct en poinct selon sa forme et teneur sans aulcunement reuoquer ma voulonte en doubte ne contreuenir a icelle et en cas de contreuention et quil ne ce veudra regler jouxte mon present testement donnations legatz institutions et substitutions y contenus reffuzans mon heredite aux conditions et qualites que dessus en ce cas je donne et legue aux enfans du d. feu Fabian, mon filz et a mes d. filhes Charlotte, Suzanne et Jehanne de Monluc par esgalles partz et portions la d. some de trente six mil liures par moy payées au d. Lichany pour le d. Bertrand mon filz et sa descharge ensemble tous aultres droictz voix noms et actions quelconques qui me pourroinct apertenir tant au moyen et par vertou de la rezeruation que jentendz avoir faicte en donnant a mon d. filz Bertrand mes biens meubles et immeubles que aultrement en quelque manière que ce soict et en ce cas et esd. droictz je les institue mes heretiers uniuerselz voulant aud. cas que mon d. heretier se contente des droitz et actions que lui pourroinct competer et apertenir par la d. donnation suiuant l'acceptation mesmes consentement et declaration de mon d. filz son feu pere et de la d. de Caupene sa mère et la protestation par moy faicte comme dict est sy dessus.

Et cas aduenant que mon d. petit filz et heretier Blaize de Monluc decedest en pupilarité ou après en quelque temps que ce soict sans enfants masles procrees de luy et de son loyal mariage, es d. cas ou l'ung deux je luy ay substitue et substitue par ses presentes sauoir est Adrian de Monluc Montesquieu filz aisne du d. feu Fabian mon d. filz, et ou le d. Adrian decederoict sans enfans masles de son loyal mariage Je substitue Blaise de Monluc Montesquieu son frère et mon filheul et ou aduiendroict que le d. Blaize decederoict sans enfans masles de son legitime mariage Je substitue le filz aisne do messire Pholipes de la Roche sieur et baron de Fontenilhes et de Francoise de Monluc en pourtant le nom et armes de Monluc et icelles unissant auec celles de Fontenilhes. Et ou le dict filz aine du d. de Fontenilhes decederoict sans enfens masles legitimes au d. cas je substitue les enfens masles que prouiendront du loyal mariage de la d.

Charlotte Catherine ma filhe lung masle après l'aultre decedant comme dessus et en défaut de masle légitime de la d. Charlotte Je substitue les enfans masles de la d. Suzanne mourant comme dessus et lung après l'aultre et en deffault de masles de la d. Suzanne Je substitue les enfants masles de la d. Jehanne lung après laultre mourant comme dessus.

Et pour ce que le d. Blaize de Monluc mon d. heretier et mes trois filhes et de la d. de Beauuille ma femme sont en nage pupilaire je fais et elis les tuteurs honnoraires sauoir pour mon d. heretier les seigneurs de Brassac[1] et de Leberon[2] mon nepueu Et pour mes d. filhes la d. de Beauuille leur mere les sieurs baron de Beauuille[3] son frere et de Gondrin.[4] Et pour tuteurs et administrateurs des biens de mon dict heretier uniuersel Arnauld Guillem dAuxion sieur de Viuent et le sieur de la Salle Golens.[5] Et pour tuteurs et administrateurs de mes d. filhes, le sieur de Poyséfgur[6] et la d. de Beauuille mère, les

---

[1] Jean III de Galard vicomte de Brassac, gentilhomme de la maison du Roi, chevalier de ses ordres. Ses exploits contre les Huguenots sont rapportés dans les *Commentaires*. Il reçut des mains de Monluc le cordon de Saint-Michel. (*D'Hosier*, Gen. de Béarn.)

[2] François de Gélas, seigneur de Léberon, avait épousé Anne de Monluc, dame de l'Isle, sœur du Maréchal. C'est de son fils Antoine de Gélas, seigneur de Léberon, qu'il s'agit. Antoine de Gélas est le trisaïeul de Daniel François, comte de Gélas et de Lautrec, marquis d'Ambres, maréchal de France. (Mis d'Aubais, Gén. de Gélas.)

[3] La généalogie de Beauville est encore à faire. Personne ne pourrait mieux s'acquitter de ce travail que M. de Bourrousse de Laffore, le consciencieux autheur du *Nobitiaire de Guienne*.

[4] Hector de Pardaillan, baron de Gondrin et de Montespan, chevalier de Saint-Michel par les mains de Monluc, mort d'après le P. Anselme en 1611 à l'âge de 80 ans.

[5] Je n'ai trouvé aucun renseignement sur les sieurs de Vivent et de La Salle Golens.

[6] Bernard de Chastenet, seigneur de Poységur, gentilhomme ordinaire de la chambre du Roi, grand vice-sénéchal d'Armagnac, mort vers 1600.

quelz je charge auec les d. tuteurs honnoraires ensemble la d. de Beauuille de bien conseilher régir gouuerner et administrer les personnes et biens de mes d. heretiers et filhes comme aussy je les charge et prye d'accepter et tenir la main a l'execution de cestuy mon present testament et de mes funerailhes a leurs discretions et voulontes et pour cest effect prendre de mes biens meubles et immeubles.

Et veux que cestuy mon present testament et derniere voulonte et substitutions en iceluy contenues ayent efficasse et valeur par la force et vertu du priuilege militaire sy faire se peult ou aultrement en la meilheur forme que faire se pourra de droict par testament solempnel noncupatif codicille donnation a cauze de mort et en la meilheur forme que de droict soict par substitutions directe pupillaire fideicomis et aultrement que pourra valoir pour y conseruer le nom et armes de ma maison. Cassant reuocquant et adnullant tous aultres testamens donnations pactes de mariage et aultres dispositions que je pourrois auoir faictes sy deuant lesquelz ny aulcuns diceulx s'il en y auoict et sy sen trouuoict je ne veux ne n entendz qu'ilz sortent aulcunement leur effaict ains que le tout demeure extainct et sans aulcune efficasse et vertu sinon le present testament et derniere voulonte que j'ay faict rediger par escript comme est en iceluy contenu par Pierre Quocy Not° Royal signe de mon seing et prie les témoings bas nommés le vouloir signer auec moy ce qu'ilz mont accordé et faict au d. Aagen le vingt deuxiesme Juillet mil cinq cens soixante seize, présentz honnorables Messieurs M° Charles de Maluin[1] conseiller pour le Roy en sa cour de parlement de Bordeaux, Dominique Cauasse chanoine d'Agen et vicaire general de Monseigneur leuesque et conte d'Agen,

---

[1] Charles de Malvin, conseiller du Roi au parlement de Bordeaux, mort le 1er janvier 1581, d'après des mém. Mss. de F. de Sirueilh, communiqués par Mme la Comtesse Marie de Raymond.

Michel de Boissonnade et Jehan de Camus licenciez et aduocatz au siege presidial et seneschal d'Agen, Bernard Codoing tresorier et recepueur ordinaire du domaine du d. Agen et Gascoigne Odet de Mazelières conseiller et secretaire ordinaire du Roy de Nauarre et Pierre de Nort S* de Naux.[1] Ainsin signé a la cede : B. de Monluc, C. de Maluin, de Cauasse, Codoing present, Boissonnade, Camus, de Mazelières, P. de Nort et moy Quocy Not* Royal ainsin signe.

Au dessus du d. testament est escripte lacte que sensuict.

Aujourdhuy, vingt deuxiesme juillet mil cinq cens soixante seize dans la ville et citté d'Agen et maison de hault et puissant seigneur Messire Blaise de Monluc marechal de France en la presence de moy Pierre Quocy Not* Royal et de Messieurs les tesmoingz bas signes a este personnellement estably le d. S* de Monluc lequel estant sain de son corps sens et entendement a dict et declairé auoir faict son present testament contenant sept feuilletz et quart de feuillet escriptz signé au dedans de sa main aussy des d. tesmoingz et de de moy d. not* quil a exibé en nous présences lequel il veult declaire et entend que se soict son dernier testament et derniere voulonté quil veult auoir éfficasse et valleur en la forme et maniere contenue en iceluy et tout aultrement que pourra valoir priant les d. tesmoingz leur vouloir souuenir de son dire et declaration et oultre ce vouloir signer et sceller son d. testament pour seruir a son heretier et aultres y nomées en temps et lieu comme de raison duquel dire et déclaration le d. S* marechal a requis acte a moy d. not* ce que luy ay octroyé en présence des d. tesmoingz que se sont sy soubzsignez comme sen suict avec moy d. not* ainsin signe : B. de Monluc, C. de Maluin, de Cavasse, Boissonnade, Camus, Codoing, pnt, de Mazelieres, P. de Nort et moy Quocy not* Royal ainsin signé.

[1] C'est le fils du bonhomme de Nort dont Monluc parle souvent dans les *Commentaires*.

TEXTE DU CODICILLE.

Au nom de dieu soict. Et comme dez le vingt deuxiesme jour de juillet mil cinq cens soixante seize je Blaise de Monluc Marechal de France estant lors en la ville dAgen faisant mon testament solemnel et derniere volonte receue par Quocy notaire royal jaurois obmis en icelluy expeciffier et designer tant les somes a moy deues que celles que jauois lors deuers moy, a ces causes, ce jourdhuy datte des presentes moy estant dans la ville de Condom sain desperit et entendement par la grace de Dieu je confirme et ratiffie par le present codicille le d. testament et neaulmoignz voulant pouruoir de plus grand asseurance a mon heretier par moy faict et nomme en icelluy testament et afin qu il ne puisse estre frustre de ce que lui apertiendra je declaire par ce dict présent codicille moy estre deu les sommes et deniers montant cent soixante dix mil quatre cens quatre vingtz dix liures huict solz tourn. sauoir

Par M. de Fontenilhes ce que jay sur la place du Castera, dix mille liures, plus par une sienne promesse mil liures

Par M. de Sarran dAuxon de Mirande dix mil liures,

Par les merchans de Tholoze vingt mil liures

Par Messieurs de la Laine Rotgier Astoro et Desplatz du d. Tholoze quinze mil liures

Par Salabert de Bassouues huict cens liures

Par le chev^r de Montoussin quatre mil liures

Par les consulz de Franciscas mil liures

Par M. de Nort president d'Agen quatre mil liures

Par le merchant de Pergaing mil liures

Par M. dAuxion faisant pour les habitans de Jegun nommes Mathelin Espien Bernard Costant et Bertrand d'Auxion deux mil liures tz.

Par Ville-Fontan du d. Condom deux mil liures

Par Ferron dAgen mil liures

Par M. de Lansac le jeune neuf cens liures

Par Brunet Salabert et Malere de Vic deux mil liures

Par le fermier de Plieux poar la ferme du d. lieu et terme de la Sainct Jan mil cinq cens soixante seize treize cens soixante liures *(sic)*

Par Mossen Micqueau Melaubert de Sainct Poy cent liures

Par Labroue Gaixiot lexcuyer de Nerac quinze cens liures.

Par les consuls dAgen deux mil liures

Par lexcuyer Duluc et Dupuy du d. Nerac trois mil liures

Par Loys et Anthoine de Laforcade freres oultre larrentement de Puech trois mil liures

Par Arasse d'Agen mil liures

Par M. de La Salle Golens mil liures

Par M. de Poysegur mil liures

Par M. de Madaillan quatre mil liures

Par M. de Berault douze cens liures

Par M. de Naux et Guirauld Lafon deux mil liures

Sur les places de Plieux et Lagraulet vingt-sept mil liures

.... Sur la place de Gensac et Esparsac quinze mil liures

Sur la place de Cumont auec les reparations unze mil deux cent liures

Sur la place de la Monjoye deux mil liures

Par le fils aisné de M. de la Bastide pres Sainct Matan quatre vingt pistoletz valans quatre cens soixante liures huict solz ts.

Par le d. sr de Fontenilhes dargent preste trois cens pistoletz valans sept cens cinquante liures

Par M. de Poypetit deux mil deux cens liures

Par M. de Fosseries suiuant la cedule cinquante carnes testons valable cent soixante liures

Par les d. Forcade suyvant leur promesse troys cens liures

Plus sont aussy deus pour arreraiges les intheretz qui sensuyuent

Par les consuls dAgen deux cens liures

Par les d. de Naux et Lafon cent liures

Pour laferme de Plieux et terme de la St Jehan dernier treize cens soixante liures

Reuenant les susd. debtes a la d. premiere some de cent soixante dix mil quatre cens quatre vingtz dix liures huict solz tz.

Et oultre auoir de present en mes coffres en or ou argent comptant monoye la some de huict mil trente-cinq liures

Et parce que jay mis le tout et baillé en garde a dame Yzabeau de Beauille ma femme en ayant toutesfois retenu deuers moy ung memoire et bordereau sur lequel jay reffaict la susd. declaration Je veux et entendz quelle soict constraincte a bailler et desliurer a qui apertiendra et suiuant la teneur de mon d. testament non aultrement les papiers et contratz en vertou desquelz les d. somes sont deues ensenble la susd. some de huict mil trente cinq liures declarant par foy et serement nauoir de present plus grand some de deniers deuers moy ny a moy estre dou aultre chose. Et a tant veux nestre demande à ma d. femme aultre chose ne quele puisse estre tenue se purger par serement de plus grand quantite et nombre d'or argent et debtes ce que defendz par exprès

Et de tout aussy que par mon d. testament Je nomme pour tuteurs honoraires de mon heretier a savoir les sieurs de Brasac et de Leberon et pour administrateurs les sieurs de la Salle Goleus et d'Auxion pareillement pour tuteurs de mes filles

les sieurs de Gondrin et de Beauuille et ma d. femme et le sieur de Poysegur a present au lieu du d. de la Salle Golens je nomme le sieur Du Busca [1] et au lieu du d. sieur de Beauuille le sieur de Saincthorens qui auront la mesme puissance que j'auois donnee au d. sieur de Beauuille et La Salle Golens et par ce que jauois donne seullement à La Plaigne mon maistre dhost.l la somme de cent liures qui seroinct acquittees sur semblable some quil me debuoict lors comme aparoissoit par obligation laquele pour paiement de ses gaiges luy a esto depuis rendue et cancellee ce neangmoingz je luy donne et legue de present la some de deux cens liures aussy je donne et legue a M° Jehan du Faiget cirugien et mon valet de chambre la some de quatre cens liures. Pareillement donne et legue a Bernard Labadie mon aultre valet de chambre deux cens liures. En oultre donne et legue a Pierre Lasalle mon escuyer la some de deux cens liures. A Jehan Baillet mon cuizinier la some de cent liures. Et a mes lacquais et a chescung donne et legue cinquante liures, les d. somes une foys payées comme est porté par icelluy testament a ce comprins toutesfois les legatz a eux faicts par icelluy. Et ou il y auroict daultres seruiteurs qui doussent estre recompenses Je donne tout pouuoir pour cest effaict necessaire a ma d. femme et tuteurs de mon heredité.

Et pour ce que me sont deuz par le Roy les gaiges de deux années a cauze de mon estat de Maréchal de France dont jen ai eu assignation ou mandement pour une année qui nest encores acquittee. Je donne et legue iceux gaiges entierement a Charlotte Catherine de Monluc ma fille aisnée et de la d. de Beauuille pour en faire et disposer a son plaizir et voulonte sans ce que les

---

[1] N. Du Busca ou du Bussa, conseiller du Roi au grand conseil, souvent mentionné dans les délibérations du conseil de ville d'Agen, — années 1575 et suiv. (V. Les dernières années de Monluc par M. Moullié. *Recueil de la Société d'Agen*, t. VIII, p. 21.)

soines que ce pourront recepuoir des d. gaiges luy puissent estre precomptees en legitime ny aulcunement diminuer du legat que je luy ay faict par mon d. testament, voulant et entendant que pour le recouuvrement diceux gaiges elle puisse agir de sa propre authorite contre qui et comme elle verra estre à faire et diceux en bailler acquit sans quil luy soiet besoing en cella sayder du nom de mon heretier ou prendre iceux gaiges par ses mains.

Et ainsin que dessus veux et ordonne ce present codicille sans derogation de mon d. testament que veux au demeurant demeurer que sorte son plain et entier effaict en la qualite que par moy a este faict le d. jour vingt deuxiesme juillet mil cinq cens soixante seize tout ainsin qu est contenu par icelluy ensemble le contenu au d. present codicille que je veux valoir par maniere de codicille et aultrement en la meilleure forme et maniere que derniere disposition pourra valoir. Dont je testateur en ay requis au not° soubzsigne men passer et recepuoir ses presentes et ay prie les fesmoingz sy aprés nommés en estre recordz et memoratifz.

Ce feust faict et récitté dans la d. ville de Condom et maison de M. Duluc, le dix huictiesme daoust mil cinq cens soixante dix sept, en la présence de honnorables Messieurs M⁰ˢ Raimond de Pontac prezidant en la Cour de parlement de Bordeaux, Francois de Cassaignet chevalier de l'ordre du Roy sieur de Sainctorens et seneschal de Bazadois,[1] François de Durfort aussy cheualier de l'ordre du Roy sieur de Bajaumont et senechal dAgen en Gascoigne,[2] noble Antoine de Gelas sieur de Leberon,

---

[1] Compagnon d'armes de Monluc, fréquemment nommé dans les *Commentaires*. On l'appelait d'abord le jeune Tilladet, il fut ensuite connu sous le nom de sieur de Sainctorens.

[2] On ne trouve pas de seigneur de Bajaumont ou Bajamont du nom de François. Le sénéchal d'Agenais est Hector Regnaud de Durfort, comte de Launac, baron de Bajaumont et de La Fosse en Agenois, etc.

Ougier Gourgues conseiller du Roy et general de ses finances en Guyenne¹ Monsieur M° Guilhaume.Le Saige conseiller du Roy en la Cour presidiale de Condom et M⁺ M° Bernard Dupuy¹ vicquere general de Monseigneur l'euesque de Condom. Ainsin signés à la cede : B. de Monluc, R. de Pontac, Tilladet, Bajaumont, Anthoine de Leberon, de Gourgue, G. Saige, Dupuy et moy Quocy notaire royal ainsin signé.

---

[1] Ogier de Gourgues, conseiller du Roi en son conseil d'Etat, maître ordinaire de son hôtel, président des trésoriers de France en la généralité de Guyenne au bureau de Bordeaux, frère du conquérant de la Floride. « Après avoir fidellement servi cinq roys plein d'ans et d'honneur décédé au dit Bordeaux en sa maison le 20 d'octobre 1594 n'ayant laissé de sa qualité son pareil en Guyenne. » (De Lurbe.)

www.ingramcontent.com/pod-product-compliance
Lightning Source LLC
LaVergne TN
LVHW051510090426
835512LV00010B/2443